乡村旅游共享经济发展研究：以四川为例

赵琴琴／著

四川大学出版社
SICHUAN UNIVERSITY PRESS

图书在版编目（CIP）数据

乡村旅游共享经济发展研究 ： 以四川为例 / 赵琴琴
著． 一 成都 ：四川大学出版社，2022.7
（乡村振兴丛书）
ISBN 978-7-5690-5571-9

Ⅰ．①乡… Ⅱ．①赵… Ⅲ．①乡村旅游－旅游经济－
经济发展－研究－四川 Ⅳ．① F592.771

中国版本图书馆 CIP 数据核字（2022）第 119194 号

书　　名：乡村旅游共享经济发展研究：以四川为例
　　　　　Xiangcun Lüyou Gongxiang Jingji Fazhan Yanjiu: Yi Sichuan Wei Li
著　　者：赵琴琴
丛 书 名：乡村振兴丛书

丛书策划：庞国伟　蒋姗姗
选题策划：张宇琛　徐　凯
责任编辑：张宇琛　徐　凯
责任校对：毛张琳
装帧设计：墨创文化
责任印制：王　炜

出版发行：四川大学出版社有限责任公司
　　　　　地址：成都市一环路南一段 24 号（610065）
　　　　　电话：（028）85408311（发行部）、85400276（总编室）
　　　　　电子邮箱：scupress@vip.163.com
　　　　　网址：https://press.scu.edu.cn
印前制作：四川胜翔数码印务设计有限公司
印刷装订：四川盛图彩色印刷有限公司

成品尺寸：148 mm×210 mm
印　　张：3.75
字　　数：84 千字

版　　次：2022 年 8 月 第 1 版
印　　次：2022 年 8 月 第 1 次印刷
定　　价：35.00 元

本社图书如有印装质量问题，请联系发行部调换

四川大学出版社
微信公众号

目 录

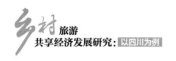

第一章 绪 论

第一节 问题的提出

党的十九大报告指出，实施乡村振兴战略，其总体要求是"产业兴旺、生态宜居、乡风文明、治理有效、生活富裕"。2018年中央一号文件《中共中央国务院关于实施乡村振兴战略的意见》明确提出，实施休闲农业和乡村旅游精品工程，建设一批设施完备、功能多样的休闲观光园区、森林人家、康养基地、乡村民宿、特色小镇。《国家乡村振兴战略规划（2018—2022年)》进一步指出，顺应城乡居民消费拓展升级趋势，结合各地资源禀赋，深入发掘农业农村的生态涵养、休闲观光、文化体验、健康养老等多种功能和多重价值。2018年3月，国务院办公厅印发《关于促进全域旅游发展的指导意见》，明确提出发展全域旅游，将一定区域作为完整旅游目的地，以旅游业为优势产业，统一规划布局、优化公共服务、推进产业融合、加强综合管理、实施系统营销，有利于不断提升旅游业现代化、集约化、品质化、国际化水平，更好满足旅游

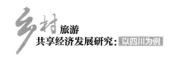

消费需求。随后文化和旅游部等部门联合出台了《促进乡村旅游发展提质升级行动方案（2018 年—2020 年）》《关于促进乡村旅游可持续发展的指导意见》，要求各地各部门把乡村旅游高质量、可持续发展作为乡村振兴战略的重要举措。2019 年，文化和旅游部评选出第一批全国乡村旅游重点村，2020 年评选出第二批全国乡村旅游重点村。2021 年，文化和旅游部联合发改委推出乡村旅游学习体验线路 300 条，让游客在体验脱贫成就的同时助力乡村振兴。

随着乡村振兴战略的提出，乡村旅游的宏观环境更为良好，在全域旅游理念的指导下，四川各地都在大力发展乡村旅游。目前，四川省乡村旅游年接待游客数已突破 4 亿人次，乡村旅游年收入也突破 3000 亿元大关。当然，其间也反映出一些问题，例如在规模方面，由于空间地理、基础设施等问题无法形成规模效应，难以在诸多乡村旅游品牌中脱颖而出；在传播方面，尚未充分发挥新媒体时代网络渠道的分享传播效应，如何选择有效的平台进行投放、激励用户分享旅游经历值得关注；在价值创造方面，乡村民宿缺少明确的发展方向，如何高质量发展乡村过夜旅游成为难题。针对以上问题，本书从乡村旅游品牌共享、乡村旅游知识共享以及乡村旅游住宿共享等角度出发，系统探讨乡村旅游共享经济发展问题，旨在明晰四川省乡村旅游发展路径，推动乡村旅游经济进入高质量发展轨道，进而为落实乡村振兴战略，发展全域旅游，实现四川文化强省旅游强省提供理论参考。

第二节　研究意义

一、理论意义

本书以四川乡村旅游共享经济为研究对象，在乡村振兴战略和全域旅游视域下，从旅游品牌共享、旅游知识共享、旅游住宿共享等方面对四川乡村旅游共享经济的现状、特征和主要问题进行分析，以深入理解四川乡村旅游共享经济的影响因素、作用机理及变动态势，为研究乡村共享经济提供一个系统的理论框架，进一步完善共享经济的相关理论。

二、实践意义

系统探讨四川乡村旅游共享经济，有利于将乡村旅游供需两端碎片化、个性化、分散化、随机化和季节性的资源进行深度链接和整合优化，进而深化乡村旅游者的体验，促进乡村旅游实现由观光式向深度体验式的旅游功能升级。乡村旅游是实现乡村振兴的有效路径，也是实现全域旅游的重要载体，研究四川乡村旅游共享经济发展，对落实乡村振兴战略、发展全域旅游，助力四川建设成为文化旅游产业深度融合的文化高地和世界重要旅游目的地具有重大意义。

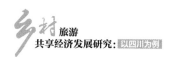

第三节　研究方法

一、文献研究法

对国内外权威期刊中有关乡村旅游、共享经济、旅游品牌、知识共享、乡村民宿等方面的文献进行整理，同时梳理相关政策及制度，奠定全书的理论基础。

二、多学科渗透法

综合运用旅游管理学、经济学及社会学等多学科知识，对乡村旅游品牌共享、知识共享、住宿共享进行全方位、多角度的系统性研究，以构建乡村旅游共享经济发展研究体系。

三、内容分析法

在携程网、马蜂窝等旅游网站中选择四川省知名品牌共享乡村旅游景点的用户评价作为研究资料，利用 Nvivo 11.0 软件进行词频分析编码，以游客视角对四川省品牌共享乡村旅游发展的影响因素进行探索性研究。

四、问卷调查法

通过问卷调查收集数据，采用 SPSS 24.0、AMOS

22.0、Smart－PLS 3.0统计软件进行数据分析，分别对问卷进行探索性因子分析和验证性因子分析，利用单因素方差分析、独立样本 T 检验、Bootstrap 法对假设关系及中介效应等进行检验，提高分析的可靠性。

第四节　研究内容

通过考察四川省乡村旅游发展现状，分析存在的问题，构建乡村旅游共享经济发展体系，实现四川省乡村旅游资源深度链接和整合优化，促进四川乡村旅游功能升级，深化乡村旅游者体验，落实乡村振兴战略、发展全域旅游，助推四川省文化强省旅游强省战略目标的实现。

第一章：绪论。主要包括研究背景、研究目的与意义、研究方法、研究内容、研究思路以及研究的重点难点。

第二章：文献综述。在对乡村振兴、全域旅游、乡村旅游共享经济等研究成果进行梳理的基础上展开分析研究，提出相关问题。

第三章：乡村旅游品牌共享研究。通过内容分析法，对四川省乡村旅游品牌共享影响因素进行探索性研究，从游客视角分析四川省乡村旅游品牌共享发展的现状及存在的问题，提出对策与建议。

第四章：乡村旅游知识共享研究。通过考察旅游社交平台用户知识共享的影响因素及作用机理，为旅游社交平台激励旅游者知识共享提供管理启示，为四川乡村旅游目

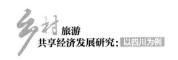

的地宣传提供对策与建议。

第五章：乡村旅游住宿共享研究。通过考察乡村民宿旅游者重游意愿的影响因素及作用机理，为四川乡村旅游住宿共享高质量发展提出对策与建议。

本书的研究思路具体如图1-1所示。

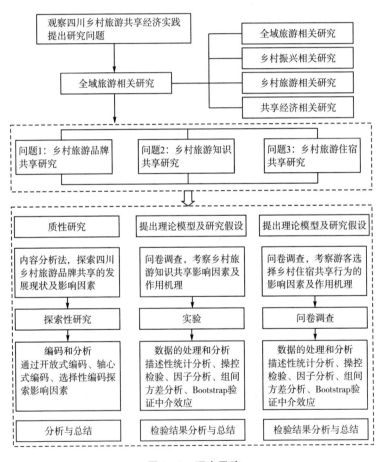

图1-1　研究思路

第二章　文献综述

第一节　乡村振兴战略

乡村振兴战略是贯彻新发展理念，建设现代化经济体系，解决"三农"问题，实现农业农村现代化，达成全面建成小康社会战略目标，实现"两个一百年"伟大目标的重要战略方针，在经济发展上具有举足轻重的地位。我国学者先后从不同的角度对乡村振兴进行了探讨，从整体战略定位以及历史背景等宏观角度进行评价。张军（2018）认为乡村振兴战略是建立在社会矛盾的改变以及乡村发展前景的宏微观变化上的，乡村价值的改变伴随着工业化带来的经济繁荣和发展不平等，从一些发达国家的历史经验来看，进行乡村振兴的实践是具有必然性的。张海鹏等（2018）认为乡村振兴战略思想的产生源于全球范围内的乡村空心化甚至衰退，结合了中国百年乡村建设的历史经验与马克思主义关于城乡融合发展的思想，顺应了我国城乡关系实现新的革命性飞跃的需要。郭晓鸣（2018）从深层矛盾的角度出发，指出要素非农化等四类问题，使得乡

村振兴作为全新战略理念下的创新性发展承担了突出的历史责任。

从实施路径层面切入，刘合光（2018）认为实现乡村振兴，关键是要找准实施路径，要以深化农村改革为基础，以产业兴旺为本，以科技创新为支撑，以人才培养为资源。唐任伍（2018）认为，要尽量避免城镇与乡村在经济上的分化，致力于打造城镇与乡村协同发展的局面，努力实现乡村治理体系现代化。刘彦随（2018）提出要着眼于城乡融合系统，以系统视角将城镇与乡村协调发展纳入响塘村地域多体系中，考虑综合性、成体系、动态性地实施乡村振兴。周立等（2018）从产业融合的角度出发，重拾休闲旅游、文化教育、生态环境等农业多功能性，依靠创造新供给、新业态和农业多功能性价值增值，合力推进乡村产业发展。

乡村振兴战略在实践中常常与乡村旅游相联系，对于乡村的产业发展意义非凡。银元、李晓琴（2018）根据"驱动力—状态—响应"模型指出，乡村旅游对于乡村振兴的影响并非线性的，而是递进的、螺旋推进的。杨瑜婷等（2018）基于演化博弈进行了分析，并提供了决策策略。林晓娜等（2018）研究了乡村休闲旅游场景中的村民社区参与、旅游影响感知及社区归属感，利用结构方程模型，通过实证分析找出了促进村民社区归属感及参与建设的积极因素。王松茂、何昭丽（2019）以西北五省为范本，从空间分异视角研究了乡村旅游模范村。何成军等（2019）提出乡村旅游与美丽乡村建设的耦合动力系统研究，分析该动力系统的不同力量及耦合类型，为两者的结合和共同发展提供了充分的建议。演克武等（2018）从旅居养老产业的角度出发，提出了乡村旅游与旅居养老产业对接的矛盾，并逐一分析了融合对策。

在乡村振兴与旅游结合的基础上，一些学者还针对全域旅游进行了深入的探索。刘栋子（2017）根据国内外研究成果，界定了全域乡村旅游的概念，构建了一套乡村旅游综合评价指标体系，并结合重庆市的案例进行了分析。李桥兴（2019）以广西阳朔的民宿业发展为研究对象，运用实地调研、专家访谈和资料分析等方法总结了其发展模式和特点，并针对其创新困境提出了路径策略。徐仕强等（2019）则以江口县为例，结合 GIS 可视化分析剖析了其旅游资源特征，在旅游资源评价和空间格局分析上具有参考意义。

第二节 全域旅游

成都市委于 2007 年 7 月首次提出"全域成都"的理念，其中包含确保实现旅游业"全域化"。2010 年大连市委提出"全域城市化"，之后在 2011 年的规划实践中，"全域旅游"的概念被首次提出。2015 年，国家旅游局下发《关于开展"国家全域旅游示范区"创建工作的通知》，"全域旅游"概念进入国务院政府工作体系，一定程度上为各地全域旅游的发展指明了道路。2016 年 2 月 5 日，

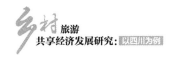

国家旅游局公布"全国全域旅游示范区"创建名单，对全域旅游的探索步入实践阶段。2016年年底，国务院发布《"十三五"旅游业发展规划》，指出旅游业未来的发展机遇，实施"旅游＋"战略，推动"景点旅游"向"全域旅游"的发展模式转变。至此，"全域旅游"从理论走向实践，正式纳入国家层面，作为一种科学的发展模式驶入了创新、总结、发展的赛道。之后，国内各个省市陆续开展全域旅游建设。2017年12月，四川省旅游产业发展领导小组办公室印发《四川省全域旅游示范区创建工作指南》，为推进全省全域旅游发展提供了方向，旨在促进全省旅游业由景点旅游升级至全域旅游，提升四川省旅游品质，发挥旅游业对四川经济的带动作用。2018年1月，四川省旅游产业发展领导小组发布《全省民族地区全域旅游管理提升工作方案》，指出，民族地区旅游资源丰富，在开发过程中要强调生态保护，既要提升民族地区在全域旅游管理上的能力水平，也要保证民族地区旅游保护与旅游发展的协同推进。2018年3月，为满足游客的消费需求，提升我国旅游业的整体水平，构建全域旅游新格局，国务院印发了《关于促进全域旅游发展的指导意见》。2019年9月，文旅部已经验收并通过了第一批71个全域旅游示范区。多个地区的全域旅游示范区案例为全国各大景区、示范区建设全新的旅游模式提供了宝贵经验。全域旅游通过旅游发展的全域化、旅游供给的品质化、旅游治理的规范化、旅游收益的最大化带动区域经济社会发展，同时也成为扶贫工作的重要力量之一。

2013年，厉新建（2013）最早系统性地提出"全域旅游"理论体系，并对"全域旅游"的概念进行了界定。"全域旅游"概念与我国经济迈入高质量发展阶段现状相适应。要理解全域旅游，需结合我国实际情况全方位考察，为此，多名学者对全域旅游的概念进行了界定。张辉和岳燕祥（2016）在旅游笔谈中认为，全域旅游需要从多个要素领域着眼，进行全方位考量。全域旅游由旅游、资本、文化、技术等诸多要素综合形成，包含景区、休闲区和度假区等多种功能区，与传统的以景区为主的景区旅游不同。从以上描述可以看出，全域旅游不同于景点旅游，它是在特定的自然地理空间中，整合自然资源、社会资源，在相关政策、体制机制的扶持下，发展以旅游业为牵引的区域特色产业，促进区域经济社会持续协调发展的新理念和新模式。厉新建对全域旅游概念的界定得到了学界的一致认同，他认为全域旅游是指各行业积极参与其中，各部门积极参与共同管理，全城居民共同参与，充分利用目的地全部吸引物要素，提供全时空、全过程的体验产品，从而使游客的体验需求达到全方位的满足。目前，学界的主要研究方向集中于全域旅游的个案分析，金云峰和石亿（2019）以西双版纳10年规划实践路径为研究对象，探索了景区旅游向全域旅游发展的规划，阐述了影响全域旅游的规划影响因素和空间体系结构。戴学锋和陈瑶（2020）通过对湖南张家界、江苏秦淮区等多个国家全域旅游示范区的实践进行研究，积累了一系列可供参考的经验，指出全域旅游发展的核心是以旅游业为引导方向，促

进全面深化改革。熊鹰等（2020）以环洞庭湖城市为研究对象，通过定量分析探究整个区域的旅游竞争格局与特点，并从全域旅游出发，提出可行的发展策略。林玮（2021）以杭州城市群为例，为当前全域旅游的发展提供了一种新思路——"泛文本实践"。吕俊芳（2013）强调了辽宁沿海经济带发展全域旅游的重要原因，从发展模式和建设路径方面解析了辽宁沿海经济带的全域旅游发展。丰晓旭和夏杰长（2018）基于空间角度进行深度剖析，提出全域旅游不仅可结合共享理念，更重在优化整合现有空间资源，因此共享空间能否合理布局对全域旅游的稳健发展而言至关重要。

全域旅游的实践探索更多地集中于乡村旅游发展上。李桥兴（2019）通过实地调研、专家访谈和资料分析等方法，分析了广西阳朔全域旅游背景下民宿业的发展状况，探究了其所面临的发展困境，并提出未来阳朔民宿创新发展的路径。石斌（2018）以陕西省为例，分析研究了乡村旅游转型升级的动因。李斯颖（2019）以"布洛陀"为例，提出聚焦文化资源以实现经济、文化、生态的共同繁荣。刘栋子（2017）重点研究了全域旅游视角下的乡村振兴，构建了全域乡村旅游综合评价指标体系。杨美霞（2018）认为乡村旅游是确保全域旅游稳健发展的重要基石，而全域旅游又促进了乡村旅游的发展，二者相辅相成，相得益彰。

全域旅游旨在重塑地方品质、提升区域创新能力、促进社会经济实现可持续发展，为区域协调、实现创新发展提供新的动力，有利于实现文化、旅游等多方面要素的和谐共生，在发展旅游经济的同时也对当地的文化繁荣及基础设施建设发挥了重大作用。

第三节 乡村旅游共享经济

近年来，旅游共享经济逐渐受到广大学者的关注。国家信息中心指出，共享经济是依托互联网等现代信息技术，以使用权分享为主要特征，整合优化现有资源，满足多样化消费需求的多种经济活动的总和。旅游共享经济即通过优化配置现有资源，变革旅游产品的供给模式，以满足消费者日益提升的消费需求，进而引领旅游业进入新的发展时代。

学者罗云丽（2016）从对象、渠道、方式、目的和频度五个方面对旅游共享经济的概念进行了阐释，指出旅游共享经济是旅游地居民或组织为获得经济效益、实现资源价值最大化，常态化地利用社会化网络平台，将一些闲置资源通过暂时转移使用权的方式分享给消费者的经济模式。李庆雷（2016）将旅游共享经济的特征总结为轻资产、去中心等十个方面。

旅游共享经济凭借其良好的兼容性，涵盖了基于互联网的旅游空间使用权分享、旅游资源使用者之间和拥有者之间的资源整合与共享、旅游体验者分享其体验认知等知识分享及旅游 IP 打造分享等多方面的内容。旅游共享经

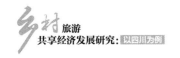

济模式主要包括旅游品牌共享、旅游知识共享、旅游住宿共享等。

一、乡村旅游品牌共享

品牌，即通过标记、符号、文字等多种要素构成的某一产品或产品系列。胡红梅（2018）指出，旅游品牌相对于一般产品品牌的特殊性在于其主要是提供服务，而旅游品牌共享的本质是基础设施、旅游形象、旅游资源、旅游产品、市场信息等要素的多元化。旅游品牌共享实质上是对不同旅游产品或资源供给方的资源共享。"苏州园林""明清皇宫""明清皇家陵寝""四川大熊猫栖息地"之间的联动体现了最早的旅游品牌共享，四者所指向的旅游地并不相邻，但是因为具有某些相同的性质而彼此联动，从而提高了本地的知名度，吸引了消费者的注意力。

国内关于旅游品牌共享的研究十分丰富。国内旅游品牌共享早期名为旅游品牌联合发展，之后随着共享经济的发展，改称旅游品牌共享。庞笑笑（2014）等归纳总结了诸如资源的共享性、利益主体的复杂性、空间的毗邻性、区位的边缘性等旅游品牌共享型区域特征。我国学者早期就对品牌共享型旅游区域进行了类别划分。陈曦（2009）通过实地调研进行了多角度分类：按实现方式可以划分为"捆绑式申报""扩展式增补""自主联盟打造"；按空间尺度可以划分为大、中、小三种尺度的品牌共享型旅游地；按空间分布形态可以分为以线为主、以面为主；按资源属性分为资源同质型和异质型；按品牌影响力度可以划分为

"强强联合型""以强带弱型"。在旅游品牌共享型旅游经济发展不协调方面，学者研究认为其主要因素包含政府外部性和市场外部性。政府外部性主要表现为产品结构雷同、区域壁垒设置等；市场外部性则分为正外部性和负外部性，正外部性体现在旅游品牌市场价值提升且其成本仅由一方承担；负外部性则体现在单方带来的市场秩序破坏、资源破坏等损失由多方共同承担。罗文标（2017）探讨了旅游品牌共享型乡村旅游的经济性，认为构建品牌共享型乡村旅游会出现旅游屏蔽效应和搭便车行为，从而导致经济不协调，从政治经济角度分析则是市场外部性和政府外部性的出现导致了该地乡村旅游发展的不协调。由此提出打破区域内市场合作壁垒，构建类区域政府组织，建立健全公平公正的利益分配与监督机制，创建信息网络，提倡共建共享等协调发展策略。包希哲等（2019）从共商共建共享的角度出发，基于"一带一路"倡议背景，探讨了民族传统体育与旅游品牌的共存。胡红梅（2018）研究了当前"一带一路"背景下旅游品牌共享的本质。郭涛（2017）认为旅游品牌共享涉及多方主体利益，从博弈行为的角度探讨了旅游品牌在区域旅游经济中的竞争与合作，指出从经济发展的角度来讲旅游品牌具有排他性，但是一方如果以伤害另一方的利益为代价提高自身发展，就会导致整体经济发展减缓。

从乡旅品牌的构成角度，王贵麟（2015）指出，自然风光、历史文化、基础设施、服务质量、科普教育等要素是乡旅品牌的核心内容。旅游的核心竞争力是旅游资源竞

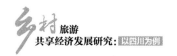
争，于洪雁和刘继生认为旅游品牌也是旅游资源的核心部分。赵琴琴等（2017）认为基于生态系统角度，旅游品牌共享包括核心旅游资源共享、旅游形象共享、旅游产品共享、基础设施共享、客源市场共享和信息共享。

对于乡村旅游品牌的经营，邢佳（2018）指出，乡村旅游品牌在社交媒体的作用下可以帮助消费者获得更进一步的感知和体验，且能够得到进一步的宣传；乡村旅游品牌的构建不仅要考虑当前的特色旅游资源、旅游市场和游客，还要结合社交媒体和旅游营销策略。王贵麟（2015）认为加强乡村旅游品牌建设有利于增强乡村旅游的竞争力，并通过对泰州溱湖风景区这一具体案例进行实证分析，探究了乡村旅游品牌构建成功的原因，认为构建乡村旅游品牌要从乡土化、整体化、生态化和多元化等角度出发。

研究国内案例时，陈文捷（2015）对北部湾地区的海洋资源进行了实证分析，探讨了北部湾海洋资源的品牌共享与信息共享，为北部湾海洋的旅游发展提供了理论基础。赵书虹（2020）研究了云南的品牌旅游资源竞争力、旅游流耦合的影响因素及其时空演化特征。潘丽丽和保继刚（2008）以长江三角洲区域的旅游地为研究对象，研究了城市旅游地的竞合行为和影响因素。"上有天堂，下有苏杭"的苏州和杭州因这一共享品牌而闻名世界，但也产生了品牌资源方面的竞争。戢培（2019）研究了康养旅游品牌，对国内四个康养旅游品牌进行分析，总结了目前康养旅游的模式以及未来康养旅游的转型方向。

二、乡村旅游知识共享

乡村旅游知识共享即不同的个体或组织之间自愿传递和共享乡村旅游方面知识的过程。旅游者在出行前需要搜寻有效性强、可靠性高的信息制订行程计划，以降低旅途的风险感知。以旅游虚拟社区为代表的社交平台为拥有旅游兴趣的人们搭建了交流平台，人们可以更容易地获取旅游信息、制定旅游决策、深化旅游体验以及维持旅游关系。社交平台中的旅游知识共享不仅改变了人们获取旅游信息和日常交往的方式，还在一定程度上改变了旅游市场的营销模式，为旅游目的地宣传、实现旅游业的高质量发展发挥了重要作用。因此，学者们对旅游知识共享进行了相关探讨。本书从平台因素、个体因素两方面着眼，梳理了旅游者在社交平台共享旅游知识的影响因素。

（一）平台因素

大量学者从激励角度考察了平台因素对用户知识分享的影响。张敏等（2017）研究发现，在社交平台中，用户通常期望借助知识分享行为而获得更高的等级或一些虚拟的物质奖励，如积分、财富值和红包打赏等。然而奖励对社交平台知识共享的作用呈现出彼此矛盾的结论。徐美凤（2011）研究表明，激励措施能直接促进用户的知识共享，并且可以通过提升社交平台活跃度来间接促进分享。石艳霞（2010）研究发现，变量"奖赏"对知识搜索动机及知识贡献动机均无显著性影响，说明人们参与社交平台知识

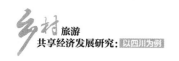

共享并非为了获得外在奖赏。有文献显示，即使社交平台没有明显的奖励，用户仍愿意与陌生人分享知识。Bilgihan等（2016）发现在旅游相关社交平台中，感知易用性显著正向影响用户的知识分享行为。Yuan等（2016）发现感知有用性和易用性在对共享行为产生促进作用的同时，感知有用性还能在易用性和知识共享行为间起到桥梁作用。Agag和El-Masry（2016）基于创新扩散理论和技术接受模型考察了社交平台用户参与行为，证实了感知的相对优势、兼容性、感知易用性、感知有用性、信任和态度正向显著影响用户参与旅游类社交平台。

（二）个体因素

Wasko和Faraj（2005）研究发现广义的互惠是指其他成员的回报，会有助于个体在社交平台共享知识。Lee和Hyun（2016）通过实证研究发现，预期的互惠利益和名誉是旅游类社交平台用户知识共享的重要影响因素。张敏（2017）等基于S－O－R范式展开分析，证实了信任对知识共享行为具有正向促进作用，愉悦感对社交平台知识共享意愿具有正向促进作用，感知规范同时对信任和愉悦感的产生具有正向促进作用。Chang和Chuang（2011）研究发现，利他、互惠、共同语言、认同对知识共享有显著正向影响，分享双方的信任、社交平台用户互动以及共享者的声誉会对知识共享质量产生影响，但对共享数量影响不明显。基于社会认知理论，Hsu等（2007）从个人和环境两方面的影响构建了社交平台知识共享影响因素模

18

型，考察了"自我效能""社区结果预期""个人结果预期"对知识共享的影响。实证分析结果表明，自我效能直接或间接正向影响知识共享，个人结果预期亦显著正向影响知识共享，但社区结果预期对知识共享的影响不显著。Papadopoulos 等（2013）发现自我效能、特定的个人结果期望、感知乐趣以及个人对知识共享的态度与其在社交平台进行知识共享的意愿呈正相关。另外，学者们从人口统计学差异、人格特征、专业技能、学历和工作经历等方面探讨了个体特征对知识分享的作用。Sin 等（2013）对使用 SNS 的用户进行研究，发现大多数用户是年龄偏低的大学生且性格较为外向。Muscanell 等（2012）在调研部分网络社交平台时，发现男性更多地使用社交平台来建立新的关系，而女性则倾向于使用社交平台来维持关系。Jensen（2008）研究发现社交平台中旅游分享帖的受欢迎程度与撰写者的旅游经历密切相关。Hee 等（2011）研究发现，所共享知识更为有用的往往是那些旅游经历丰富、经常积极参与评论的用户。

三、乡村旅游住宿共享

旅游住宿共享是随着共享经济和旅游业的融合，借助互联网技术而出现的创新型商业模式，即房东将闲置的房产资源发布在在线短租平台上，与消费者进行点对点交易。乡村旅游中的住宿共享通常被称为乡村民宿。乡村民宿的发展最早可以追溯至 18 世纪的欧洲。最初，乡村民宿被定义为"bed and breakfast"，意指为旅客提供住宿和

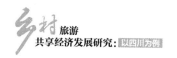

早餐的家庭式旅馆，旅客在这里可以体验农庄式的田园生活。对民宿的描述还包括"guesthouse""family hotel""homestay"等。Staley（2007）认为乡村民宿可以在满足基本住宿需求的基础上为游客提供乡土活动体验。Timothy（2009）将乡村民宿定义为建在乡村中的家庭旅馆，能提供住宿和餐饮等基础服务，游客可以借助民宿了解当地的生活方式和文化习俗。

我国台湾地区最早引入民宿概念，当地将民宿定位为居民经营副业，主业仍然是基本的农、林、牧、渔业等生产活动，且民宿经营活动需尊重当地自然、人文文化。随着大众消费观、价值观的变化，乡村旅游需求迅速增长，为延伸乡村旅游的服务面，乡村民宿成为乡村旅游的新业态，从满足简单的住宿需求，到提供追求个性化的住宿服务，乡村民宿的形式与内容不断扩展。当前学术界出于不同角度，对乡村民宿的定义也不尽相同，或侧重主体（房东、旅游者），或侧重服务类型，或侧重民宿主体。焦彦等（2017）通过质性研究发现我国台湾地区民宿的游客追求建构主义真实性体验，包括当地文化和个体生活的真实性感知。张雪丽和胡敏（2016）基于产业角度，提出民宿是旅游行业的衍生产品。唐祥（2017）指出，乡村民宿蕴含着丰富的人文情感、生活体验，富含深厚的文化意义。吴琳等（2020）提出乡村民宿是当地居民利用闲置资源或自有资源，为游客提供住宿、自然、文化、乡土生活等不同民宿旅游体验的商业形式。陈志军和徐飞雄（2021）将乡村民宿按区域划分为城郊、景区依托、民族村寨三种类型，旨在提供生态、生产和生活体验，有利于推动乡村旅游的发展。

我国民宿数量和种类众多。按照地域特色的不同，可划分为农园民宿、海滨民宿、温泉民宿、运动民宿、传统建筑民宿；按照体验活动的不同，可划分为农业体验民宿、工艺体验民宿、民俗体验民宿、自然体验民宿、运动体验民宿和渔牧业体验民宿。乡村民宿一般具有以下特征：一是参与性，游客可以参与民宿提供的特色民俗活动体验或乡土活动体验；二是根植乡村，既有家庭自营，又有专业人士经营；三是突出个性化，如个性化的服务、独特的民宿建筑环境以及不同的地方文化。

综上所述，本书将乡村民宿定义为乡村民宿主人利用闲置房屋或在闲置土地上打造新的住宿建筑，民宿风格既不失现代元素，又能贴合当地自然环境和人文风俗，还能为游客提供乡土体验活动的创新型商业模式。

游客选择行为的影响因素是乡村民宿的研究重点。Dawson 等（1988）在研究中发现，游客在选择民宿时可能会考虑民宿的交通可达性和民宿服务质量等。Hsiao 等（2015）指出，民宿的服务质量、地理位置和安全性也会影响消费者的选择。Tussyadiah 等（2018）研究指出，游客对民宿线上平台的熟悉程度也会影响他们的消费意愿。张培和喇明清（2017）认为，民宿的环境氛围、基础设施、服务质量、品牌宣传和个人认知均会影响消费者的选择意愿。Wang 和 Juan（2016）在研究中发现，民宿经营者的积极独立态度、丰富的创业经历也会对游客产生吸

引力，从而提升消费者的购买意愿。Fagerstrom（2017）认为，民宿主人的积极情绪或正面情绪显著影响游客的感受和消费行为。桑祖南等（2018）指出，民宿应当通过改善民宿的主客互动、环境氛围、设计风格和地方文化特色等提升游客的满意度。卢慧娟和李享（2020）研究发现，涉及北京文化和胡同文化内涵的四合院文化在吸引游客上发挥了重要作用。徐峰等（2020）研究发现，民宿的在线平台描述信息、民宿经营时间、在线评论数量都会影响消费者对民宿的选择。Stringer（1981）通过与旅游者的访谈发现，旅游者在选择民宿时会考虑自身对旅游目的地的熟悉程度，同时还会考虑个人的经济条件。李文勇等（2019）以阿坝州甘堡藏寨民宿为研究对象，发现民宿的本真性生活空间是重要的生态因子，能够满足游客的旅游体验，提高游客满意度。Kuo等（2012）在研究中发现，民宿所在地的生态旅游发展与民宿消费者的重游意愿有密切关系。

第四节　研究述评

随着共享经济的蓬勃发展，学者对旅游共享经济的研究也在不断丰富。国内许多学者以不同视角和方法对共享经济环境下的旅游业、旅游企业、平台、游客等进行了相关研究。但总体而言，有关旅游共享经济研究的文献相对较少。在当前大力发展全域旅游和乡村振兴战略的趋势下，乡村旅游能充分整合旅游资源，满足游客个性化的需求，对推动乡村经济发展、文化繁荣，实现全域旅游和乡村振兴战略具有重要意义，但鲜有学者系统探讨乡村旅游共享经济。因此，本书以四川乡村旅游共享经济为研究对象，从旅游品牌共享、旅游知识共享、旅游住宿共享等方面系统探讨四川乡村旅游共享经济发展路径，为落实乡村振兴战略、发展全域旅游，助力实现四川文化强省旅游强省提供决策性参考。

第三章　乡村旅游品牌共享研究

　　四川省发展乡村旅游由来已久，其悠久的历史、丰富的自然资源和特色人文景观都是发展乡村旅游的重要资源。四川是国内最早开展农家乐旅游的省份，多年来不断发展乡村旅游，结合当地农业、林业、乡村聚落、水利风景、古镇新村不断拓展乡村旅游发展模式。近年来，四川省相继推出各项政策扶持和促进乡村旅游的发展。2012年发布的《四川省人民政府办公厅关于加快发展休闲农业与乡村旅游的意见》将四川的乡村旅游发展推上了一个新的台阶。2016年发布的《关于大力发展乡村旅游合作社的指导意见》为乡村旅游产业转型升级和农村经济社会发展提供了重要支撑。《四川省乡村旅游提升行动计划（2018—2020年）》为四川省乡村旅游发展提供了具体的实施措施。2020年《四川省加快"智游天府"全省文化和旅游公共服务平台建设实施方案》提出建设"智游天府"全省文化和旅游公共服务平台，提升旅游公共服务水平。2021年《四川省"十大"文化旅游品牌建设方案（2021—2025年）》持续打造"天府三九大·安逸走四川"金字招牌，促进文化旅游深度融合和高质量发展。《关于开展"天府旅游名牌"建设的实施意见》提出推动县域文化旅游经济高质量发展、整体提升四川旅游品质的重要举措。截至 2020 年初，四川省共创立 1 个乡村旅游示范市，15 个乡村旅游示范区和 3 个乡村旅游创客示范基地。根据《四川旅游年鉴》，2019 年四川省全省旅游总收入达 1.01 万亿元，同比增长 13.4%，全年乡村旅游接待游客 3.49 亿人次，被国内众多媒体评为全国旅游最热门、最受欢迎的地区。

在此背景下，本书将采用内容分析法对携程网、马蜂窝、大众点评中排名前六位的乡村旅游用户评价进行编码分析，以考察四川省乡村旅游品牌共享发展中存在的问题，并提出对策与建议。

第一节 研究对象

品牌共享是指基于产品的相关性，多个产品或企业使用统一品牌的行为。旅游品牌共享是指旅游企业对旅游地资源、品牌、形象等进行整合，从而形成统一的系统。本书以"四川""乡村旅游"为关键词，在携程网、马蜂窝、大众点评等社交平台进行搜索，根据点击量及评论选取了符合乡村旅游品牌共享定义前六名的乡村旅游景点，依次为三圣花乡、甘孜丹巴藏寨、洛带古镇、绵阳年画村、崇州竹艺村、蒲江明月村。然后获取该六个乡村旅游景点从 2019 年 1 月 1 日至 2021 年 7 月 30 日的用户评论数据共计

391 条，之后运用 Nvivo 11.0 软件对其中的内容进行词频分析，删除不具备实际意义的词语并编码分析，旨在从游客视角出发探讨四川乡村旅游品牌共享的影响因素。

第二节　编码分析

我们利用 Nvivo 11.0 软件对所得数据进行整理分析，通过完成三级编码形成各级节点。一级编码即开放式编码，通过对所得材料逐字逐句进行分析形成子节点。二级编码即轴心式编码，将所得子节点进行分析，分类整理获得相应的二级节点，表示游客对四川省品牌共享下乡村旅游的感知因素。对二级节点进行归纳可得到相应的一级节点。三级编码即选择性编码，主要是从获得的一级节点中深入挖掘四川省乡村旅游品牌共享下的游客关注因素，借此探究其与一级节点之间的相互关系。

一、开放式编码

开放式编码是基于一定的原则将原有数据资料进行拆分，随后根据其内涵进行归纳的编码方式。编码前需要阅读大量相关文献，才能从原始语句中提取概念，进而完成开放式编码，开放式编码表现为在 Nvivo 11.0 中建立自由节点。本书对所得数据进行编码，得出开放式编码结果，具体见表 3-1。

表 3-1 开放式编码

初级编码	原始文本（代表性语言）
比赛活动	我们去时，正赶上在五凤楼彩排"迎大运"活动。 我们五月中旬去的，寨子里还有马拉松比赛。
表演活动	晚上偶尔还有酒店或政府组织的露天表演。 音乐灯光节，还以为会有人唱歌。 超级棒的周末度假的地方，可以吃饭、聊天、拍照，旁边就是花市。 大概一个小时就能参观完，可以多拍拍美照，有时间可以去洛带古镇走走，步行 10 分钟左右，街道两边全是小吃，累了在咖啡馆或者茶馆喝喝茶也是蛮惬意的。
道路建设	下雨阴天不能盘山而上，自驾的小伙伴一定注意安全，一边是悬崖，一边是山路，感觉很惊险！ 美人谷是在山上，进去要开一段盘山路。路比较窄，开车有点麻烦。 一路上都有从山上掉下来的石头！还是很危险的，路过一座铁索桥，有一辆车居然要开过来。 住景区可以自己开车到酒店，路况好，但是蜿蜒曲折，有些道路比较窄，加上又有行人，所以要慢慢开。 去看荷塘月色走了 15 分钟都没到，问了当地人有的还不知道，跟着导航，那里又在造东西，有的是断头路，然后我们只能上车等着。都没兴趣拍照片什么的。
道路交通	到古镇的成洛路路面被大车碾得稀巴烂，还堵车。 山区的路况很好，自驾完全没有问题，一路都很平整。 两个寨子都在高山上，山路多呈"Z 型"爬升。 由于崇山峻岭的阻隔，甲居藏寨过去相对封闭，现在有公路通往甘孜州和阿坝州各地，从成都到这里游玩变得非常方便。 在丹巴县城附近的大山深处，有盘山公路可达。

续表3—1

初级编码	原始文本（代表性语言）
旅游地历史传说	据说丹巴藏族一直不被周边藏族接纳认可，其属古西夏国党项人外迁流落过来，党项人自唐贞观年间因受吐蕃侵扰而归附大唐，由青海东南迁徙至内蒙古、宁夏一带逐步建国，十代王朝终不敌成吉思汗，其后裔除一部分流落南方部分地区，大部分南迁流落至西藏和四川康定地区，党项人与当地土著融合形成木雅藏族，不同于其他藏族的木雅语，悲壮的锅庄舞、山野岩石上的图画对白色的崇拜均是佐证。 古人认为，写有文字的纸不可秽用，秽用字纸还会生疮害病，得罪神灵，不仅自己会受到惩罚，还会祸及子孙。焚烧可以"羽化成蝶"。
公共设施	观景台、公共厕所、休息处等公共设施都很齐全
游玩方式	汉服店的小姐姐（小嬷子）服务态度是真的太周到了！既热情又好客，而且汉服款式众多！ 汉服体验：进入洛带就会看见好多租赁汉服的店铺！整个洛带的建筑都非常原生态，穿上汉服搭配原始的建筑，非常有画面感！ 挺好的，汉服店的小姐姐很热情，服装不贵。拍了好几个小时，照片很多。
环境卫生	村寨中是比较干净整洁的。
基础设施建设	除了沿河的茶座和部分老街，其他地方都明显经过了一番打造，尤其是景观新区。新增了不少客栈、商店、餐馆，作为旅游景区还是不错的。
……	……

注：编入表格时有改动。

二、轴心式编码

轴心式编码是在开放式编码所得的子节点的基础上，根据子节点之间的相似性、联系性进行分类整理，从而提取出范畴的编码方式。本书从开放式编码得到的 37 个自由节点中整理出 10 个范畴，具体见表 3－2。

表 3－2　初始概念范畴化

范畴	初始概念	编码参考点个数
旅游地形象	旅游地称号	16
	旅游地历史传说	8
	影视推广	12
旅游地体验资源	了解文化和体验	1
	空气清新	4
	风俗习惯	4
旅游地举办活动	培训活动	1
	节庆活动	5
	比赛活动	2
	表演活动	2
旅游地观赏资源	自然风景	4
	文化景观	29
	历史遗迹	11
	景观内容	11
旅游地特性	游玩方式	13
	景点具有季节性	14
	景点位置	4
	景点印象	1
旅游地民宿	住宿体验	1
	住宿条件不理想	4
	特色民宿	28

续表3-2

范畴	初始概念	编码参考点个数
旅游地美食	饮食不习惯	3
	特色小店	4
	特色美食	24
交通基础设施	停车场	3
	交通设施	11
	道路交通建设	6
	道路建设	5
其他基础设施	基础设施建设	2
	环境卫生	1
	公共设施	1
景区服务	信息有误	1
	门票	2
	旅游讲解	1
	旅游服务	3
	居民参与	2
	景区维护	3

从表3-2中可以看出，旅游地观赏资源、旅游地特性、旅游地美食、旅游地民宿、旅游地形象这几个范畴编码参考点个数较多，表示游客在乡村旅游过程中对这几方面较为关注，也说明这几个影响因素对游客影响较大。其他如基础设施、旅游地体验资源、旅游地举办活动编码次数较少，但是这几个方面对乡村旅游发展起到的重要作用也不可忽视。

三、选择性编码

选择性编码主要是从获得的范畴中深入挖掘核心范畴"影响四川省乡村旅游品牌共享发展的因素",进而探究主范畴之间的相互关系。研究基于 10 个副范畴和 4 个主范畴,其中旅游地资源直接影响四川省乡村旅游品牌共享的发展,是核心影响因素;基础设施和服务、旅游地特色、旅游地形象在旅游地资源的基础上进一步影响乡村旅游品牌共享的发展,具体见表 3-3。

表 3-3 主轴编码形成的主范畴

主范畴	对应范畴
旅游地形象	旅游地称号 旅游地历史传说 影视推广
旅游地资源	旅游地体验资源 旅游地举办活动 旅游地观赏资源
旅游地特色	旅游地美食 旅游地民宿 旅游地特性
基础设施和服务	交通基础设施 景区服务 其他基础设施

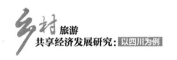

第三节　研究结论

　　根据开放式编码、轴心式编码和选择性编码，本书得出如下结论：四川乡村旅游品牌共享主要有旅游地资源、基础设施和服务、旅游地特色、旅游地形象四大影响因素。

一、旅游地资源

　　旅游地资源是乡村旅游品牌共享的根基，也是影响乡村旅游品牌共享的直接因素。通过对游客评价进行归纳整理，可以发现，旅游地资源包括旅游地体验资源、旅游地观赏资源、旅游地举办活动三个方面。

（一）旅游地体验资源

　　旅游地体验资源是指游客在旅游地交流、感受到的有别于景观类型的资源，主要包括风俗习惯、文化知识等。风俗习惯在乡村旅游的发展中一直发挥着独特的作用，游客选择乡村旅游很大一部分原因就是希望体验当地独特的风土人情，感受不一样的人文魅力。四川省为多民族聚集区，独特的藏族风俗、客家文化等都是开展乡村旅游品牌共享的极好资源。近年来，随着民众健康意识的提升，很多人选择来到乡村，感受清新的空气，欣赏与城市不一样的风景，以陶冶情操，有益身心。独特的文化知识是乡村旅游过程中的意外收获,在体验中了解历史、学习知识也是乡村旅游的独特魅力所在。

(二) 旅游地观赏资源

历史遗迹、文化景观和自然风景是旅游地观赏资源的三个重要维度。历史遗迹是许多游客反复提到的重要旅游资源,多为残留的古建筑和古楼,充分凸显了乡村旅游的历史性,有助于提升其精神内涵。文化景观是指人为建造的可以观赏的景观,包括人造的风景和建筑。文化景观在乡村旅游发展中占有主要地位,四川省乡村旅游品牌共享发展较早的三圣花乡就是以花木种植来吸引游客的。自然景观则是天然形成的风景,多为高山峻岭、悬崖瀑布等。旅游业从发展之初就依赖于观赏资源,直到现在其依然是旅游资源的核心,但是随着旅游业的发展和人们需求度的日益提升,也渐渐暴露出一些问题。从此次编码中也可以看到,多位游客提到"景观单调,没有什么趣味性,和别处也没有什么不同",这表明在品牌共享的背景下,乡村旅游景点的独特性和趣味性有待加强。

(三) 旅游地举办活动

乡村旅游发展中举办的一些活动会激发游客到当地旅游的兴趣,如传统节庆活动、比赛活动或表演活动等。部分旅游地会根据自身特色开展一些培训活动,多为居民自发举办,或由当地政府倡导举办,这些活动成为吸引游客的重要手段。例如,端午节期间,一些地方会举办龙舟比

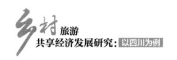

赛，吸引附近的游客前来参与或观看。2021年，三圣花乡为庆祝元宵节举办了传统民俗猜灯谜活动和插花艺术展，此外还有"春牛舞"的演出和元宵节表演活动等，吸引了众多游客前来观看。还有一些地方为宣传非物质遗产文化会定期开展培训活动，如年画课堂等，这不仅有利于提高游客对当地旅游品牌的感知，还推动了我国优秀传统文化的继承与发扬。

二、基础设施和服务

基础设施和服务是指当地品牌共享下乡村旅游发展所需要的基础设施和游客前来旅游所需要的基本服务。根据编码结果，基础设施可分为交通基础设施和其他基础设施两类，服务则为景区服务。

（一）交通基础设施

交通基础设施在旅游尤其是乡村旅游发展中的作用至关重要，一个旅游地无论多么吸引人，如果没有便利的交通，旅游业也难以发展。交通基础设施的衡量维度主要包括道路建设、交通设施、停车场等。在该范畴下主要表示到达该旅游点所依赖的交通状况，如高速路的建设状况、车辆通行状况、班车状况、接驳车状况、共享单车状况、是否有停车场等，这些对游客来说都十分重要。

（二）其他基础设施

其他基础设施是指旅游过程中所需的除交通以外的基

础设施，其中最重要的是卫生设施。近年来，多个省市大力开展"厕所革命"，旨在改善卫生状况，卫生设施的重要性由此可见一斑。其他如水、电、网络、观景台等，一旦缺乏也会对游客的旅游体验产生重要影响。

（三）景区服务

景区服务是指游客在旅游点内接受的服务，包括旅游讲解、信息提供、门票购买等。如果说游客对旅游景点的整体认识主要源于旅游地所提供的旅游资源，那么细节方面的认识则受景区服务的影响。例如，部分游客对景区的维护修缮较为敏感。综上，景区服务涉及广泛，服务质量的提升需要政府、企业和居民三方的共同努力。

三、旅游地特色

旅游地特色是指当地能够区别于其他地区的产品或服务，主要包括旅游地美食、旅游地民宿和旅游地特性。旅游地特色是主范畴中游客评价次数最多的指标。

（一）旅游地美食

如今，有一种旅游方式为"美食旅游"，是指以享受和体验美食为主、兼具社会和休闲等属性的旅游活动，美食对游客的吸引力由此可见一斑。川菜便是四川省的一张重要的旅游名片。旅游地美食是编码中参考点最多的指标之一。根据分析可知，游客认为美食是当地特色和民俗的体现，是来到当地必须要品尝的。当然，也有游客认为文

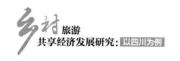

化差异太大，自己吃不惯当地的口味，这也是十分正常的。

（二）旅游地民宿

随着乡村旅游的不断发展，越来越多的学者开始研究民宿在旅游中发挥的作用和受到的影响。如今，随着旅游业的发展，民宿不再单单发挥为游客提供住宿的作用，而是成了一种景观，某种程度上代表了当地的旅游特色。很多游客出行时往往会选择住进当地的特色民宿、民居，在游玩的同时体验当地的民俗风情。如今在三圣花乡，还有一些独具特色的农家乐园被作为旅游景点，吸引游客前来参观。

（三）旅游地特性

旅游地特性是指一个旅游地区别于其他旅游地的特性，包括景点位置、景观季节性和游玩方式等。乡村旅游中的很大一部分游客来源于周边城市，人们大多选择利用周末的休息时间前往，这也意味着景点距离城市不能太远。另外，"烟花三月下扬州""六月赏荷花""九月赏菊花"等说法，意味着有些景点更适合在特定的时间前往观赏。因此旅游业有"淡季"和"旺季"之分。景点游玩方式的发掘一直是乡村旅游发展的重点，如今，单纯的拍照赏景和农家乐式游玩已经难以满足游客的需求，因此，品牌共享下的乡村旅游发展不仅要整合资源，更要有所创新。

四、旅游地形象

旅游地形象是指游客未到旅游地之前对该地的认知与印象，主要包括旅游地称号、旅游地历史传说和影视推广。

（一）旅游地称号

旅游地称号是游客在评价中最常提到的，如甲居藏寨位于四川甘孜州丹巴县境内，是丹巴最具特色的旅游景区之一，于 2016 年 9 月正式获批国家 AAAA 级旅游景区。值得一提的是，在 2005 年由《中国国家地理》杂志组织的"选美中国"活动中，以甲居藏寨为代表的丹巴藏寨被评为"中国最美的六大乡村古镇"之首。一直以来，丹巴藏寨也多以这一称号进行宣传，由此可见此类宣传在游客中的认知度较高。

（二）旅游地历史传说

每个旅游地都有自己独特的历史传说，在当地的自然环境下，一边赏景一边回想相关的传说、故事和诗句，会让游客更有参与感，对旅行意义的认知也会更为深刻。

（三）影视推广

影视推广是近年来旅游推广中应用较多、效果较好的策略，通常采用在某部电视剧、电影或某个节目的经典场景中应用当地的独特景色吸引游客的方式。如电影《大鱼

海棠》中便采用了客家土楼这一形象，人们对客家土楼产
生了好奇心，便会在观影之余前来体验，从而促进了客家
土楼的宣传。

第四节　四川乡村旅游品牌共享对策与建议

　　要推动乡村旅游品牌共享的发展，一是要做好各个旅
游目的地的调研，并根据其特点进行规划；二是要做好乡
村旅游品牌共享的准备工作，积极进行市场营销；三是各
品牌间要积极合作，形成规模效应，推动乡村旅游的集体
发展；四是要积极接纳消费者反馈，及时发现存在的问题
并及时改正。乡村旅游品牌共享的成功需要多方配合，以
下将从旅游地形象、旅游资源、旅游地特色、基础设施和
服务四个方面为乡村旅游品牌共享提出对策与建议。

一、旅游地形象

（一）创新品牌的培育

　　近年来，乡村旅游逐渐表现出一个突出问题：乡村旅
游的对外形象和表现主体之间相似度较高，辨识度较低，
从而影响大众对旅游目的地的认知，也导致大部分乡村旅
游目的地无法形成差异化的乡村旅游品牌。由此可知，乡
村旅游品牌的培育一要合理，二要创新。只有合理，才能
真正提升游客的体验，实现乡村旅游的可持续发展；只有

创新，才能在诸多品牌中脱颖而出，充分体现旅游品牌的价值。

四川是乡村旅游大省，乡村旅游资源极其丰富，创新乡村旅游品牌的培育也就显得十分重要。在乡村旅游品牌创建中要始终坚持"因地制宜、突出特色"的原则，认真调查各个共享旅游地的地理位置、环境特点、旅游资源和客源市场特点，充分发掘其独特性，确保满足游客的各种消费需求。

（二）加强品牌营销力度

首先，要加强品牌营销力度，即选取合适的时间，在合适的地方以合适的方式进行营销。营销方式分为线上线下两种，目前线上营销方式非常多，通过影视广告、社交媒体等都可以进行宣传推广，但这并不意味着线下营销方式可以被替代。因此，要通过"线上＋线下"相结合的营销方式对旅游品牌和旅游目的地进行推广宣传。

其次，要扩大营销范围，进行全方位推广，如通过电商介绍和销售具有当地特色的文创产品，同时借此宣传当地的特色历史文化及风俗习惯，从而实现全方位、多层次的立体营销。

二、旅游资源

乡村旅游品牌共享的实质是多个旅游目的地共同规划设计，实现共赢发展。旅游目的地要想在旅游品牌共享中挖掘相似性，发挥独特性，一开始就要进行设计规划，做

到既能最大限度地推进乡村旅游品牌的融合，又不会因多个旅游目的地相似程度过高而导致恶性竞争。整个规划过程要始终坚持"以规划为龙头、以乡村为依托、以旅游为手段、以服务为支撑、以差异化为导向"的发展方针。

科学规划乡村旅游资源应当做到以下几点：

第一，因地制宜，彰显特色。乡村旅游吸引游客的本质因素是极具特色的旅游资源，不同的地理环境、人文历史、经济条件形成了丰富多样的旅游资源。在旅游资源开发过程中，应当对目的地进行调研，通过资源整合挖掘当地的旅游特色，促进多种资源的合理应用，在保证生态环境发展的基础上设计和规划具有本地特色的旅游活动，避免共享品牌下乡村旅游资源同质化导致的吸引力降低。

第二，多样化开发和使用旅游资源。旅游地资源种类繁多，自然风景、人文古迹、节庆活动均属其中。在旅游资源的开发过程中应当秉持资源多样化原则。同时，对于同一种旅游资源也可以实现多样化利用，这样不仅可以增强旅游趣味性，还能最大限度地提高资源利用率。例如，传统的农业作物和花卉作物可以直接作为观赏资源，也可以通过游客种植和采摘成为体验资源，还可以结合当地生活习惯，使之成为饮食文化资源的一种。

第三，保持旅游地的原真性。对游客而言，这是最大的吸引力。因此，在对旅游地建筑物进行维护和修缮时，应当遵循保持原真性原则和环境统一原则，保留建筑物的民族特色和风格。此外，独特的风俗习惯、民俗节庆也是吸引游客的重要因素，因此，在旅游资源开发中应当尊重当地的人文风俗，不能为追逐经济利益而过度开发，丧失乡村旅游的原真性。

三、旅游地特色

不同的景点有着不同的自然和人文景观，有不同的游玩方式，也有着不同的游客人群。因此，旅游地要充分强调自身特性，以吸引更多的游客。具体方法有以下几种：

第一，将多类型景点进行组合，延长旅游旺季时间。例如，以自然风光为主要旅游资源的旅游地可以在旅游淡季开展节庆表演，举办创意农业等活动吸引游客。

第二，开发多种游玩方式，增强旅游趣味性，延长游玩时间。例如，以观赏、采摘花果为主的乡村旅游可以同时开展特色食品制作体验活动或举办文化习俗展览，让游客在深度体验乡村乐趣的同时学习乡村文化。

第三，规划多条旅游路线，吸引更大范围的游客。具体可以针对不同季节、不同旅游时长、不同旅游目的和旅游主题规划多条旅游线路，如以体验川西民族风情为主的"康定木格措—新都桥—丹巴甲居藏寨—四姑娘山—海螺沟"的"一条龙"游玩路线。

四、基础设施和服务

（一）完善基础设施建设

乡村旅游中的基础设施是指为发展旅游业创设的地上

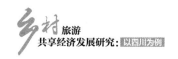

及地下基础设施，其便利程度影响着当地乡村旅游的发展。要建立和完善旅游资源地的基础设施，首先要形成完整系统的基础设施体系。其次，根据物联网感知旅游资源、基础设施等方面的情况，促进无人化、非接触式基础设施的推广和应用。最后，加强品牌共享下各个旅游地区的大数据建设，实现数据共享，使基础设施的作用最大化。

（二）构建公共服务平台

构建品牌共享前提下的旅游公共服务平台，可以选择与政府或其他旅游品牌下的公共服务平台联动，一方面可以节约成本，提高经济效益；另一方面，可以借助多方位的运营平台提高自身的服务质量，从而实现可持续发展。一个完善的旅游公共服务平台不仅要具备基本的服务内容，如景点介绍、景点门票购买信息、班车信息、导航、周边各类设施位置信息、游客意见反馈等，还应整合政府信息，提供交通、气象等相关数据。此外，还可以借助大数据提供景区的实时信息，如景区客流量、预计排队时间、最优旅游路线等，以为游客提供最大的便利。

（三）卫生标准化

卫生标准化是发展乡村旅游的基本工作，也是旅游业标准化中的重要环节。实现卫生标准化离不开政府、企业、商户和游客的共同努力。首先，政府部门应该制定合理规范的卫生标准，便于监督实施。其次，企业和商户应该严格遵循卫生标准，保质保量地完成自己的工作。最后，游客要尽到监督义务，在旅游过程中如果发现违背卫生标准的问题，要及时向有关部门反馈。

第四章　乡村旅游知识共享研究

旅游行业属于信息密集型产业，在旅游目的地选取和旅游行程规划等方面，旅游者需要搜寻大量信息以降低自身的风险感知。以用户自生成内容为特征的旅游社交平台为拥有旅游兴趣的人们提供了多种交流方式与途径，人们可以更为容易地获取旅游信息、制定旅游决策、深化旅游体验以及维持人际关系。同时，社交平台的知识共享也为乡村旅游的宣传提供了有效的渠道。本章将基于创新扩散理论及自我决定理论，探讨在旅游类社交平台中共享知识的影响因素及作用机理，为激励用户共享乡村旅游知识，实现乡村旅游目的地网络营销提供理论基础和对策建议。

第一节　理论模型与研究假设

一、互惠与知识共享

互惠是指社交平台用户期待在知识共享活动中付出的时间和努力成本可以得到来自其他用户的回报。互惠强调了主体间的道德规范与合作规范，即个体施惠后受惠方有义务回报施惠个体的规范，体现了用户在社交平台分享自己的旅游知识后对知识需求的一种预测。李柏洲等（2017）在研究中提到，互惠不仅可以提高知识提供者的共享意愿，还可以促使知识共享的接受者在知识共享活动中从消极接受心态转变为积极心态。显性知识是指有形的、可结构化的、能以文字和语言清楚表达的知识，因此在转移过程中更为容易，而互惠使得用户在知识共享过程中感受到便利，从而能提高个体的显性知识共享意愿。

相比之下，隐性知识更为复杂，是个体在持续的经历中所进行的高度个人化的经验学习和知识积累，因此，隐性知识的共享更难以落实。根据理性行为理论，在社会交往中，相较于无收获的活动，人们更愿意参与有利可图的活动。基于互惠原则，当向别人传授自己的经验知识可以帮助自己提高效率或带来更多利益时，人们会积极参与隐性知识的共享活动。当社交平台用户对互惠抱有期望，即希望自己的付出有所回报时，他们往往愿意在知识共享活动中投入更多的时间及成本，包括隐性知识的共享。基于以上论述，我们可以提出以下研究假设：

H1a：互惠对显性知识共享意愿具有正向影响。

H1b：互惠对隐性知识共享意愿具有正向影响。

二、信任与知识共享

张敏和郑伟伟（2015）研究指出，从社会学的角度来看，信任实际上是一种人际关系，它的存在使人们更愿意

共享知识。从心理学的角度出发，信任是一种心理状态，人们感知的信任度越高，就越愿意参与知识共享。陈明红（2015）提到信任在促进知识共享方面的积极作用，一是增强了成员参与知识交流的意愿，二是增强了成员之间知识交换的自由度。刘瑞贤等（2017）通过实证研究发现，信任对于知识共享具有积极的影响。何俊琳等（2018）基于 TOE 框架，通过实证研究发现，信任对于个体的知识共享意愿具有显著正向影响。

隐性知识是个人在长期的实践过程中获得的技巧、技能以及部分个人能力，属于个人竞争力的体现，当个人处于竞争激烈或存在风险的环境时，会选择保留自己的隐性知识；当个人信任自己所处的环境时，则愿意贡献自己的隐性知识。Holste 等（2010）从能力信任和情感信任两个维度证实了信任影响隐性知识的共享，且情感信任对隐性知识共享的影响更为强烈。Connelly C 等（2012）指出，若成员之间未能构建信任或信任不坚实时，就不利于隐性知识共享。刁丽琳等（2015）认为隐性知识的转移有赖于良好的社会关系，而良好的社会关系又根植于成员间良好的信任感。Kucharska（2017）的研究证实了信任与合作性文化积极影响着隐性知识的共享。基于以上论述，我们可以提出以下研究假设：

H2a：信任对显性知识共享意愿具有正向影响。

H2b：信任对隐性知识共享意愿具有正向影响。

三、自我效能与知识共享

自我效能是个体对自我向他人提供价值和知识的个人能力的评估或判断。多项研究表明，自我效能越高的人往往越倾向于相信自己的能力，其参与知识共享的意愿也越强。而自我效能越低的人越容易对自己的能力产生怀疑，不愿意与其他成员进行知识交流。Bandura（1986）认为自我效能感越高的人知识共享的意愿越强烈，往往会更努力地去实现自己的既定目标。李宪印（2015）通过对社交平台用户进行问卷调查，得出自我效能对主体间的知识共享意愿具有显著的正向影响。

自我效能更多的是反映个体的主观能动性，是人的内在因素，而隐性知识往往也是存在于个体内心的，受到内在的自我效能的推动，个体会对完成自己的工作任务和团体目标树立较强的信念，从而更愿意共享自己的经验知识。王子喜、杜荣（2011）通过对社交平台的注册会员进行问卷调查，得出自我效能不仅正面影响知识共享，还正面影响组织的参与水平。另外，自我效能越高的人，越能感受到隐性知识在竞争力中的重要性，也更相信可以通过新的知识获取新的优势，从而更愿意参与知识共享活动。基于以上论述，我们可以提出以下研究假设：

H3a：自我效能对显性知识共享意愿具有正向影响。

H3b：自我效能对隐性知识共享意愿具有正向影响。

四、经济与知识共享

经济奖励是通过经济等外在因素的形式鼓励或引导知识共享意愿或行为。恰当的奖励模式能有效减少或避免成员因知识独占性而不愿与他人共享知识的情况。同时，Wah 等（2007）在研究中表明，薪酬等奖励形式可以刺激成员知识共享的意愿和行为。根据社会交换理论，知识共享行为的无偿性表明其是非亲社会行为，需借助经济奖励等外部激励方式来增强用户的知识共享意愿，从而促进用户间资源、信息、知识的共享。

隐性知识在主体间的转移即知识的外显化过程，隐性知识的固有性质决定了该过程多数情况下是共享主体的自发性行为，在经济奖励等外部激励的引导下可促使个体内化被激励者的隐性知识。张红兵（2017）通过实证研究表明，激励可通过提高感知有用性作用于成员的知识共享意愿。在适当的经济奖励的激励下，用户的自身需要得以满足，有助于提升个体实施被激励行为的意愿，从而促使被激励行为的出现。基于以上论述，我们可以提出以下研究假设：

H4a：经济奖励对显性知识共享意愿具有正向影响。

H4b：经济奖励对隐性知识共享意愿具有正向影响。

五、优越性

在创新扩散模型中，优越性即用户认为该社交平台与其他类似产品相比的创新程度和优良程度。在本研究中，用户感知的平台优越性越强，平台能给予用户的帮助就越多，而当自身获得更多利益时，用户便会对参与知识共享持更积极的态度，从而与伙伴形成积极的互惠关系。另外，社交平台的优越性越强，用户对参与知识共享时能从他人处获得的知识的数量与质量就有越高的期待，从而有助于用户间形成更稳定、更深层的互惠关系。

优越性的高低可影响个体对平台的信任程度。吴悦等（2014）构建了"信任演化—知识转移"的框架，并提出，在尝试性阶段，社交平台的优越性对主体间的知识共享具有积极的影响。Kang 等（2015）认为创新扩散理论中的优越性对于用户的使用意愿具有积极影响，用户的使用意愿越高，表明其对平台的信任度越高。

Zaichkowsky（1985）将卷入度解释为基于个人需求、感知利益对目的物的认知关联性。Agag G 等（2016）认为优越性可以提高用户的卷入度，平台所具备的优越性会感染用户，从而增强其对个人能力的信任，或促使其进一步提升个人能力，进而对自我的主观评估产生积极影响。

基于以上论述，我们可以提出以下研究假设：

H5a：优越性对互惠具有正向影响。

H5b：优越性对信任具有正向影响。

H5c：优越性对自我效能具有正向影响。

六、易用性

易用性是技术接受模型中的变量，一般是指在使用某信息系统平台时所感受到的易用程度。郭淑芬等（2017）指出，组织中的互惠有赖于密切的信息交流与资源共享，为交流提供具有较强易用性的资源，营造更具价值的知识转移的氛围，会对组织中的互惠效率产生积极影响。此外，当在社交平台上获取自己需要的知识时，用户会更愿意在该平台而不是其他平台共享自己的知识。

Agag G 等（2016）指出，用户愿意使用或接受新技术的主要影响因素之一是感知易用性，因此，易用性是用户愿意信任社交平台的主要推动力。在本研究中，社交平台的易用性使得其与其他平台相比更能使受众群体便捷地获得自己所需要的信息，增强其感知易用性，进而加深个体对平台的信赖。

易用性使得个体可以较为简便快捷的方式获取自身所需的知识。李武等（2018）在研究中指出，当用户使用某项技术时，感知易用性越强，其自我效能感就越高，个人的使用意愿也就越强。这种易用性提升了个体的知识学习效率，进而扩大了自身的知识储备。反观易用性为个体带来的知识量的改变，会直接影响用户对自我能力的主观评估，使其认为自我具备的解决任务的能力又有所提高。

基于以上论述，我们可以提出以下研究假设：

H6a：易用性对互惠具有正向影响。

H6b：易用性对信任具有正向影响。

H6c：易用性对自我效能具有正向影响。

七、兼容性

兼容性主要是基于创新扩散理论提出的，用以衡量社交平台的理念、功能、价值、内容等与用户需求、价值观、个人经历的一致性。较强的兼容性可以减弱个体因差异而导致的互惠交流中的障碍，从而有利于主体间的知识转移。兼容性的提升还间接增强了个体对他人知识储备质量的信任，有利于提升个体对于施惠后将会得到的回报的期待值，从而进一步加深组织内的互惠意愿。

Rogers（1983）指出，兼容性有助于潜在采纳者理解该创新观念的意义，也能增强他们对新技术的亲切感。而这种亲切感越强烈，他们就越愿意信任新技术。在社交平台中，较强的兼容性为分享者间的互动提供了重要的前提，有效避免了知识共享主体共享意愿的降低，为用户间形成良好的信任关系扫清了障碍，夯实了基础。

较高的兼容性意味着组织成员对某项创新、某种产品或服务等持乐观积极的态度，相较于其他社交平台，其具有更高的感知易用性，更能满足自我需要的程度。在此情形下，有利的外部条件会增强个体对自我能力的预估，进而提升自我效能感。

基于以上论述，我们可以提出以下研究假设：

H7a：兼容性对互惠具有正向影响。

H7b：兼容性对信任具有正向影响。

H7c：兼容性对自我效能具有正向影响。

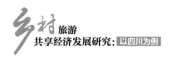

八、经济奖励与自我效能

对知识共享参与者来说，经济奖励是一种肯定，是自己在付出后得到的另一种收获，有利于提升参与者的自信心与自我效能感。因此，给予的经济奖励越高，参与者的自我效能感就越强。赵琴琴（2018）通过情景模拟实验得出，在经济奖励的激励下，自我效能是影响知识再分享意愿的关键因素。基于以上论述，我们可以提出以下研究假设：

H8：经济奖励对自我效能具有正向影响。

图4—1为旅游社交平台知识共享意愿理论模型。

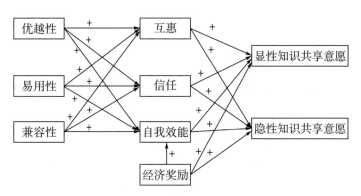

图4—1　旅游社交平台知识共享意愿理论模型

第二节　研究方法与数据分析

一、研究方法

（一）数据收集

此次调查采用发放问卷的方式，共发放问卷 300 份，经过筛选，剔除不合格问卷 30 份，得到有效问卷 270 份，问卷回收率为 90％，样本数量符合结构方程研究方法的数量要求。

（二）问卷设计及变量测量

本研究问卷共分为两个部分：背景资料部分，调查了解被访者的年龄、性别、工作年限以及知识共享经历等情况；变量测量部分，被访者需根据自己的真实意愿回答问题。

各个变量题项的描述及所使用的测量方法均借鉴已有研究成果，并根据研究对象的差异对题项进行了修改，令其更符合此次研究的目的。对自我效能的测量主要借鉴 Lin（2007）的量表，对信任的测量主要借鉴 Kim 等（2006）的量表，对互惠的测量主要根据 Wasko 等（2005）的量表，对奖励的测量主要根据 Kankanhalli 等（2005）的量表，隐性、显性知识共享意愿的测量借鉴

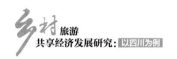

Bock 等（2005）的量表，感知有用性、感知易用性及兼容性的测量借鉴苏成美（2018）的量表。各个题项均采用李克特7级量表来衡量被访者的态度，在问卷相关表述中，1表示完全不符合，4表示一般，7表示完全符合。

二、数据分析

（一）信度和效度分析

在检验假设前，本书首先使用 SPSS 17.0 软件对 270 个样本进行了探索性因子分析。对各个题项进行主成分因子分析后，分析其形成的各个潜变量的信度系数，结果显示，所有潜变量的 Alpha 系数均明显高于 0.80，整体为 0.958；KMO（Kaiser－Meyer－Olkin）值均在 0.666 以上，整体为 0.856。以上分析数据说明问卷整体具有较好的信度。被访者的年龄、性别、工作年限以及知识共享经历等个人统计变量在检验题项的回答中不存在显著差异。

量表的测量效度主要包括以下两个方面。第一，内容效度。此次研究过程中使用的量表，其测量题项及测量方法均借鉴成熟的研究成果，并通过了初测实验，因而可以认为本量表有较好的内容效度。第二，构建效度。构建效度检验主要包括收敛效度与判别效度检验。通过进行验证性因子分析，发现所有题项的标准化因子载荷（F.L.）都大于 0.822，组合效度（CR）都大于 0.8，平均变异抽取量（AVE）均大于 0.733，说明量表具有较高的收敛效度，详细检验结果见表4－1。

表 4-1 量表的收敛效度检验

潜变量	题项	标准化因子载荷	组合信度	平均变异抽取量
优越性	use1	0.93	0.962	0.865
	use2	0.944		
	use3	0.944		
	use4	0.903		
易用性	easy1	0.814	0.913	0.725
	easy2	0.882		
	easy3	0.854		
	easy4	0.854		
兼容性	jrx1	0.854	0.897	0.743
	jrx2	0.875		
	jrx3	0.857		
互惠	hh1	0.890	0.939	0.756
	hh2	0.879		
	hh3	0.889		
	hh4	0.828		
	hh5	0.859		
信任	xr1	0.837	0.916	0.733
	xr2	0.888		
	xr3	0.824		
	xr4	0.873		
自我效能	zwxn1	0.948	0.945	0.896
	zwxn2	0.945		

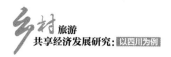
续表4-1

潜变量	题项	标准化因子载荷	组合信度	平均变异抽取量
奖励	jl1	0.890	0.944	0.807
	jl2	0.900		
	jl3	0.882		
	jl4	0.921		
显性知识共享	xx1	0.924	0.918	0.848
	xx2	0.918		
隐性知识共享	yx1	0.886	0.935	0.826
	yx2	0.895		
	yx3	0.945		

本研究将所有潜在变量的 AVE 平方根值放入潜变量间相关系数矩阵进行比较，均满足大于其所在行与列潜变量相关系数绝对值的标准，说明量表通过了判别效度检验，具体检验结果见表 4-2。

表 4-2　量表的判别效度检验

潜变量	均值	标准差	互惠	优越性	信任	兼容性	奖励	易用性	显性知识共享	自我效能	隐性知识共享
互惠	5.140	1.027	0.869								
优越性	4.830	1.240	0.663	0.930							
信任	4.830	1.083	0.808	0.632	0.856						
兼容性	4.670	1.137	0.627	0.644	0.666	0.862					
奖励	4.801	1.094	0.748	0.633	0.754	0.757	0.898				
易用性	4.000	1.240	0.551	0.633	0.607	0.604	0.592	0.851			

潜变量	均值	标准差	互惠	优越性	信任	兼容性	奖励	易用性	显性知识共享	自我效能	隐性知识共享
显性知识共享	4.720	1.130	0.728	0.632	0.749	0.708	0.711	0.617	0.921		
自我效能	5.580	1.223	0.645	0.594	0.701	0.768	0.685	0.615	0.764	0.947	
隐性知识共享	4.990	1.199	0.735	0.646	0.741	0.737	0.733	0.598	0.819	0.698	0.909

（二）假设检验

以上研究结果分析可用于检验研究假设。检验发现，本研究的 8 组研究假设中，H5c 假设未能获得支持，其他研究假设均得到验证，详细检验结果见表4－3。

表4－3 假设检验结果

路径关系（假设）	方向	路径系数	t 值	结果
H1a 互惠→显性知识共享	正	0.357	3.956***	支持
H1b 互惠→隐性知识共享	正	0.331	3.473***	支持
H2a 信任→显性知识共享	正	0.253	3.392***	支持
H2b 信任→隐性知识共享	正	0.317	3.018**	支持
H3a 自我效能→显性知识共享	正	0.258	7.517***	支持
H3b 自我效能→隐性知识共享	正	0.312	4.014***	支持
H4a 奖励→显性知识共享	正	0.202	2.220*	支持
H4b 奖励→隐性知识共享	正	0.815	3.739***	支持
H5a 优越性→互惠	正	0.478	7.304***	支持
H5b 优越性→信任	正	0.289	3.915***	支持

续表4－3

路径关系（假设）	方向	路径系数	t 值	结果
H5c 优越性→自我效能	正	0.122	0.945	不支持
H6a 易用性→互惠	正	0.471	2.131*	支持
H6b 易用性→信任	正	0.761	3.329***	支持
H6c 易用性→自我效能	正	0.345	3.276***	支持
H7a 兼容性→互惠	正	0.332	5.718***	支持
H7b 兼容性→信任	正	0.255	6.762***	支持
H7c 兼容性→自我效能	正	0.121	9.545***	支持
H8 奖励→自我效能	正	0.222	3.252***	支持

注：$^{*}p<0.05$，$^{**}p<0.01$，$^{***}p<0.001$。

第三节　研究结论与启示

基于前人的研究，本书从创新扩散理论与技术接受模型视角出发，通过实证研究，探讨了旅游虚拟社区的优越性、易用性与兼容性通过外部激励因素影响个体的显性知识、隐性知识共享意愿机制。研究发现：

易用性显著通过互惠、信任和自我效能正向影响个体的显性知识、隐性知识共享意愿。易用性越高，越能显著提升旅游虚拟社区中用户的自我效能，增强主体间的互惠意愿，并促进形成良好的人际关系，进而提升旅游知识分享中显性知识和隐性知识的共享意愿。

兼容性显著通过互惠、信任和自我效能正向影响用户的显性知识、隐性知识共享意愿。兼容性越强，越能显著提升旅游虚拟社区用户的互惠意愿，有效提升个体的自我效能感，推动构建良好的人际关系，进而提升旅游知识分享中显性知识和隐性知识的共享意愿。

优越性显著通过互惠、信任正向影响个体的显性知识、隐性知识共享意愿。较高的优越性能显著提高旅游虚拟社区用户的互惠意愿，形成良好的人际关系，从而提升旅游知识共享意愿；但优越性对自我效能的影响却有着相反的结论，这与个人对自我的主观评估有很大的关联。

自我效能在经济奖励和知识共享意愿之间起中介作用，经济奖励可以刺激自我效能感的提升，自我效能感对于显性知识、隐性知识共享意愿有显著的正向影响。

第五章　乡村旅游住宿共享研究

　　近年来，乡村旅游实现了快速发展，乡村民宿旅游作为乡村旅游发展的重要标志之一，对于保护乡村优秀传统文化、提高乡村地区居民生活质量具有重要意义，其不仅是文化传承、文旅融合、乡村旅游发展的有效推动力，也是助力乡村振兴的重要抓手。2016 年，中央一号文件支持农民直接经营或参与经营乡村民宿、农家乐特色村（点）发展。2019 年，文化和旅游部发布实施《旅游民宿基本要求与评价》，规范了民宿行业的等级划分标准，加强了对卫生、安全、消防等方面的要求。2019 年，全国乡村旅游工作现场会再次强调了乡村民宿的重要作用，提出要丰富旅游产品供给，促进乡村旅游转型升级，促进乡村民宿健康发展。2019 年，文化和旅游部、国家发改委联合开展全国乡村旅游重点村评选工作，其中民宿的特色资源富集程度、文娱体验活动的开展情况、建设主题是否突出、特色餐饮等也被纳入考核标准。2020 年发布的《乡村民宿服务质量规范》规定了乡村民宿、民宿主人、文化主题等相关术语的定义，提出了民宿经营的基本要求，包括但不限于设施设备、建筑安全、环境卫生、服务要求等内容。"十四五"规划中明确提出要壮大民宿经济特色产业。发展乡村民宿已成为振兴乡村旅游的重要路径。

近年来,消费者开始趋向于生态游、康养游,向往轻松愉悦的生活状态,追求"返朴归真",希冀在喧嚣中找寻属于自己的一片诗意。标准化住宿形式逐渐难以满足消费者日益多元的旅游需求,越来越多的经营者开始涌入民宿领域。民宿短租预定平台"途家"发布的《2021 上半年乡村民宿发展报告》显示,2021 年乡村民宿继续蓬勃发展,平台上半年国内乡村民宿房源总量超过 63 万套,累计接待超 310 万名房客,为乡村房东创收超 9 亿元。究其原因,在于乡村民宿既能兼顾自然风景,又能将果蔬采摘、农耕研学、手工制作、美食野味等民俗体验活动融入其中,更深受"80 后""90 后"亲子游用户的青睐。一方面,乡村民宿的消费群体偏年轻化,民宿环境和当地饮食成为关注的重点,围绕民宿目的地进行旅游活动成为新的消费趋势;另一方面,消费者的行为趋向逐渐由物质消费转向精神追求。发展乡村民宿要更多地倾向于健康化、卫生化、品质化和生活化,充分运用人工智能、大健康、大数据等新技术,以满足旅游者的文化、美食、休闲、娱乐、度假等多样化需求。如此不仅可以增加创收,刺激文化和旅游消费,还有利于乡村旅游地资源的保护性开发,助力当地文化传承和保护,推动乡村旅游可持续发展。

如今,市场对乡村民宿的需求量日益增加,乡村民宿虽然在短时间内得到了迅速发展,但还存在很大的提升空

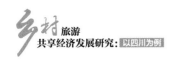

间，且民宿数量众多，竞争激烈，因此吸引游客再次入住成为民宿的主要竞争方向。本章将围绕以下几个问题展开研究：游客的乡村民宿重游意愿受哪些因素的影响？这些因素是如何影响游客重游意愿的？并根据结论提出相应的对策与建议。

第一节　研究假设与理论模型

一、研究变量

本研究将自变量分为人际交往要素和环境要素，其中人际交往要素包含主客互动和客客互动两个维度；环境要素包括自然环境、人文环境和基础设施环境三个维度。中介变量为个体感知，包含愉悦感、个人成长、仪式感。因变量为重游意愿。

（一）人际要素

人际要素由两个维度构成，分别是主客互动和客客互动。乡村民宿体验中，互动也是影响民宿经营的要素之一，多方互动行为可以带来一些预料之外的价值，多数民宿研究将焦点集中在主客间的互动，但游客间的互动也有其价值，因此本书将主客互动、客客互动纳入考察范畴。

所谓主客互动（host－guest interaction），是指在民

宿旅游活动中，民宿主人或民宿服务人员与游客之间的互动和交往行为。良好的互动会使双方的情感发生变化，从而产生回报行为。当游客感知到民宿主人的积极互动时，可能会给予相应的反馈。通过与民宿主人互动，游客可以加深对当地的理解，了解当地的生活方式和语言风格。王建芹（2021）将主客互动划分为社会互动和服务互动，通过服务互动，如待客热情、友善，提供优质服务，可以及时快速地响应顾客需求。游客可以获得更好的服务体验，为整体住宿体验增加色彩；社会互动则是处于交易之外的交流，有利于让游客收获丰富的情感体验。

所谓客客互动（guest－guest interaction），是指民宿旅游活动中游客之间的互动和交往行为。

在同一个民宿环境内，入住者之间可能彼此不认识、不熟悉，但在入住过程中也可以产生积极的交流互动，如打招呼、彼此认识、共同参与民宿活动、积极帮助对方解决问题。良性的客客互动可以促进游客的社会联结，鼓励游客发展长期的社会关系。客客互动是游客住宿体验的重要部分，也是社会交往的组成部分，良性的客客互动可以促进游客的社会性联结。本书采纳客客互动视角，来考察其对游客乡村民宿重游意愿的影响机制。

（二）环境要素

环境要素由三个维度构成，分别是自然环境、人文环境和基础设施环境。乡村民宿的开发和经营依赖于地方的自然风光、特色风俗、宜人的气候等，而乡村民宿区别于

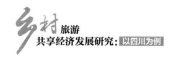

其他住宿的地方就在于它能提供乡村场景体验、特色民俗服务以及乡村的独特风光；同时，民宿追求情怀、故事，也要回到民宿本身的配套设施，以保证游客的舒适感和安全感。

所谓自然环境（natural environment），是指民宿内部的自然景观、周边的自然景色以及整体的协调性。乡村民宿作为人们远离喧嚣的桃源地，自然环境是基本，游客希望看到的是绿意盎然、原汁原味、充满生机的自然景观。在乡村民宿周边可以看到优美的乡村环境、独特的当地景观，乡村民宿的自然环境与整体环境是协调的，具有当地特色，自然环境为民宿提供了生存和发展的物质与空间，拥有得天独厚的自然环境是乡村民宿最大的吸引力所在。

乡村民宿的人文环境（human environment）主要体现于其对当地社会和文化的保护和映射，包括建筑文化、民俗文化和主人文化等。建筑文化一般体现在民宿外观的装修装饰能否反映当地特色，能否与当地整体环境呼应。民俗文化是当地居民长期生活所形成的特有的风俗文化，体现为当地人的生活、行为、言语和精神状态。主人文化则体现为民宿主人或民宿服务人员的行为规范、言语举止、服务态度等。MacDonald 和 Jolliffe（2003）认为，文化是乡村旅游目的地吸引游客，保持自身异质性的宝贵资源。

所谓基础设施环境（infrastructure environment），是指民宿内部的基础设施、交通条件、附加设施等。民宿的基础设施是保障游客行、住、食、游、娱体验的重要因素，包括通信设施、用电安全、消防设施等。其地理位置应当是便利的，包括可达性强、交通方式多样、出行便利、停车方便等；住宿设施应当是齐全且使用方便的，包括民宿内的生活或家电设施使用方便且环境干净整洁。部分民宿可能还会提供附加设施，如健身场所、免费停车位、游泳池等。

（三）个体感知

愉悦感（pleasure）是指个体对民宿所感知的一种积极情绪。情绪分为正面情绪和负面情绪，愉悦感属于正面情绪，反映了游客对入住民宿的积极评价。当游客对民宿体验感到愉悦时，可能会希望在此地多停留一段时间或者有机会再来。本书中的愉悦感是指游客在住宿过程中收获了感官、身体和心灵上的多重愉悦或快乐。例如游客受到来自民宿独特的建筑、优美的自然环境的视觉冲击从而产生的审美愉悦；品尝当地美食从而产生的味觉愉悦；亲身参与当地民俗乡土活动、充分体验当地的生活状态从而产生的身心愉悦等。

个人成长（personal growth）涉及个人对成长活动的调节，是指旅游过程中游客所感受到的成长体验，包括开阔眼界、交往、旅游等技能的增长、知识的丰富，也是一个从认识生理我到认识社会我，再到认识心理我的过程。向慧容（2018）认为个人成长是指主体在以往的经验基础上进一步认识自己，从而收获自我肯定和自尊的过程。人

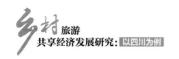

的幸福在于实现人生价值及自我完善。人们希望在旅游活动中寻找有意义的体验，从而获得身体、情感或精神上的满足。杨振之（2019）认为旅游的本质就是存在于世界之中，人通过旅游的方式寻找自我存在的意义和精神归宿，如此则既不会完全脱离世俗生活，又能找到"诗意地栖居在大地上"的方式。

仪式感（the sense of ritual）可抽象地描述为一种积极的感觉，是我们面对生活所表现出来的一种态度。方迎丰（2011）认为，仪式感可以唤醒个体内心的认同感。张红艳和马肖飞（2020）指出，仪式感会影响人们的内心感受和行为。卫银栋等（2021）指出，旅游本身就是一种仪式，旅游者在这一仪式中转换生活方式，感受不同的文化，获得个人成长，如毕业旅行、旅行结婚等就是借助旅游完成自己生命中重要的一件事。本书的仪式感是指民宿在发挥其自然、文化等功能时的体现，在仪式活动中不断生产再生产，对民宿入住者来说，这是一种亲身体验而获得的精神性需求的满足。仪式感既体现在日常生活中，也表现为特殊的活动，如节庆、典礼、礼节等。在追求仪式感时，人们看重的往往不是它本身，而是其所转换对应的价值，以及在这一过程中所完成的自我建构。

（四）游客重游意愿

Bigné 等（2001）将重游意愿划分为再访意愿和推荐意愿，Morais 等（2004）在研究中以抗拒改变、正面口碑、再次购买、推荐意愿等几个因素来测量游客的重游意愿。王维靖等（2021）应用保护动机理论对游客的温泉重游意愿进行讨论，其中将再访意愿和推荐意愿作为衡量游客重游意愿的两个维度。本书将重游意愿定义为游客对于自己所体验过的满意的民宿会选择再次入住或者向他人推荐，从再次访问和推荐他人两个角度来测量游客的重游意愿。

二、研究假设

（一）主客互动对个体感知的影响

良好的互动会令双方心情愉悦。安全感是愉悦感产生的基础，当个体对自身所处地心存安全感时，其积极情绪就会显著提升。当旅游者感受到住宿地服务人员友好、热情的服务态度时，会减少对住宿地安全问题的担忧。互动服务可以最大限度地满足住宿者的需求，从而降低游客的风险感知，提升其安全感，使其身心愉悦。Zhang 等（2018）在研究中指出，民宿的服务会影响游客的信任感知，优质的服务会增强游客的信任度。而游客对所处环境越信任，越容易积累安全感，也就更加容易融入环境。当乡村民宿提供的服务会让游客在感受到浓厚家庭氛围的同时产生强烈的情感认同。房东在线平台上的及时快速回应也是与客户互动的一种方式，金珂（2020）在研究中指出，房东在第三方平台上及时且大方地回复客户，能够让客户在预定住宿时感受到极大的善意和真诚。王建芹（2021）在研究中提到，房东与消费者的良好互动会使双

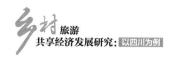

方心情愉悦，进而产生积极情绪。

游客有时需要借助民宿环境来实现自己的仪式感需求，而积极的主客互动能使其产生开心、快乐、兴奋等情绪。晏青等（2021）研究发现，个体在互动中获得的社交价值对仪式感的形成具有正向影响。

根据价值共创理论，民宿会为游客与主人、服务人员营造良好的交流和互动氛围，双方互动交流的过程有利于游客满足精神需求，增强自我认识。王建芹（2021）在探讨主客互动时提到，旅游从业人员的尊重会增强游客的自我认同感，从而有利于其自我价值的实现。因此，主客之间建立亲密关系和情感纽带，有利于个人情感与人生价值的实现。

据此，我们可以提出以下假设：

H1a：主客互动对愉悦感具有正向影响。

H1b：主客互动对仪式感具有正向影响。

H1c：主客互动对个人成长具有正向影响。

（二）客客互动对个体感知的影响

游客之间和谐相处、友好交流，可以增进彼此之间的感情，使双方心情保持愉悦。消极的客客互动，如干扰、争执等则会破坏游客的心情，降低其愉悦感。社交是人们的需求之一，通过友好的互动，游客可以从中感受到尊重而收获愉悦感。游客之间相互提供帮助也是互动的一种，为有需要的人提供建议或帮助有利于增强个体的幸福感和成就感。陈晔等（2017）引入社会互动理论构建了游客间的互动对主观幸福感的作用机制，发现游客间的积极互动能促进游客的积极情绪，提升游客的幸福感。

人与人之间的互动交流可以帮助人进行更充分的自我认知。旅游经验越丰富，其认知能力就越强。因此，良好的交流互动，如旅游经验的分享，可以帮助游客完成自我认知。旅游环境中的人际互动会带给人良好的价值体验。游客在与他人的互动中收获友谊或得到他人的帮助，会使自己得到更有价值的收益感知。

据此，我们可以提出以下假设：

H2a：客客互动对愉悦感具有正向影响。

H2b：客客互动对仪式感具有正向影响。

H2c：客客互动对个人成长具有正向影响。

（三）自然环境对个体感知的影响

旅游者选择乡村民宿多是为了更好地欣赏自然风光，与自然环境更为贴近。民宿与乡村自然风光的融合对于旅游者具有独特的吸引力，它可以帮助旅游者缓解城市生活的压力和喧嚣，满足旅游者的自我需求。当离开惯常环境，受到非惯常环境所带来的自然景色的视觉冲击时，游客往往会产生审美愉悦。成茜等（2020）在研究中指出，具有观赏价值和游憩价值的自然旅游环境一定程度上能使旅游者放松身心。徐宁宁等（2019）以江苏灵山小镇为例进行研究，发现自然环境因素会刺激游客产生愉悦、快乐等积极情绪。田野等（2015）在探索山岳型旅游目的地对游客满意度的影响机制时，得出了自然环境会通过满意度

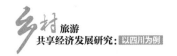

来正向影响游客重游意愿的结论。

人类追求自然、寻求与自然亲密接触，进而希望回归自然的行为是一种仪式化行为，这也意味着仪式感的起步。如西藏居民在与自然环境互动的过程中形成了合乎当地实际的环境意识，他们对自然的敬畏和崇拜催生了祈愿、祭祀等一系列极具仪式感的仪式活动，因此仪式感能够产生于与自然相处的生存智慧中。

在面对大自然时，人感受着天、地、人融于一体，可以暂时忘记世俗烦恼，努力追寻自我、回归自我、发现自我。通过与大自然的亲密接触，人们可以感受真我，从而反思自我，认识自己存在的价值，获得自我的成长与发展。严星雨和杨效忠（2020）在分析旅游仪式感时提到，仪式感是一种参与体验感，它受特定地点的事物影响，比如景区里的环境和吸引物。褚玉杰等（2020）研究发现，拥有原始自然环境和民族氛围的旅游目的地能带给游客独特的精神体验。

据此，我们可以提出以下假设：

H3a：自然环境对愉悦感具有正向影响。

H3b：自然环境对仪式感具有正向影响。

H3c：自然环境对个人成长具有正向影响。

（四）人文环境对个体感知的影响

乡村民宿所营造的人文环境会刺激游客的心理反应，增强他们的愉悦感。环境心理学认为情绪在环境和人的行为之间发挥中介作用，人在某种环境的影响下会产生情绪变化。叶宗造（2010）通过对农家茶园的研究，发现茶园所形成的文化氛围会使人产生愉悦情绪。

仪式活动是仪式感的来源之一。比如民宿常常会为游客举办果蔬采摘、手工品制作、泼水节、新年倒计时等具有一定象征意义的活动，这些活动都会使游客产生某种仪式感。旅游有一种特征叫涉身性，如在特定的旅游目的地通过服饰、饮食等方式使游客向当地人倾斜，从而切身参与当地生活。这种外在形式的仪式化将个体从自己的日常生活中带离出来，为旅游增添了仪式感，并使其随着仪式活动群体性的参与而不断发挥自身的作用。仪式感的获得需要特定环境和氛围的渲染，之后经由情感加工而不断形成。白世贞等（2021）建立了旅游仪式感矩阵，从微观角度讲，篝火晚会、节庆活动等仪式活动具有较强的仪式感；从宏观角度讲，毕业旅行、蜜月旅行等也有较强的仪式感，且体现在整个旅游活动中。

旅游活动是一段收获个人成长和自我发展的内在旅程，当个体进入与日常生活不同的世界时，更容易回归真实的自我，从而引发自我反思，这是自我认知的一个重要步骤。个体在与周围的民宿环境互动的过程中，会对其产生一种心理所有权，当这种所有权能够帮助个体充分表达自我时，个体便能更好地认识自己，从而产生更强烈的自我认同。陈才（2021）认为游客往往会借助旅游活动来实现个人成长，因为旅游地或旅游产品中包含了真实性、超越日常的人文特色。游客在体验地方独特的本土文化时，可以获得更好的精神体验。

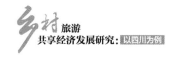

据此，我们可以提出以下假设：

H4a：人文环境对愉悦感具有正向影响。

H4b：人文环境对仪式感具有正向影响。

H4c：人文环境对个人成长具有正向影响。

（五）基础设施环境对个体感知的影响

民宿良好的基础设施会给游客带来更好的旅游享受和住宿体验，是提升旅游质量的基础。安全感是愉悦感产生的基础，当个体对所在地感知安全时，其积极情绪会明显提升。Cheng 等（2018）指出影响游客住宿的感知体验受住宿设施这一关键因素的影响；当游客有良好的感知体验时，会随之产生安全感。Eitzingera 和 Wiedemannb（2007）在研究中指出影响消费者安全感知的外部因素包括交通和基础设施，因此民宿的基础设施会通过安全感影响入住者的愉悦感。Stollery 和 Jun（2017）研究发现，游客的感知价值往往受成本节约的影响，同时也会影响其民宿使用意向。交通便利度更高的民宿能够同时节约游客的时间成本和金钱成本，缓解游客在规划路线时的身心焦虑。曾强（2018）检验了民宿的地理位置和交通状况对民宿发展的影响，消费者对地理位置的感知越好，民宿销量越大。一方面，民宿所处位置较为偏僻，虽然环境安静，但若没有明确的标识引导或导航定位，就会给消费者造成麻烦，且公共交通是否可达也会影响消费者的选择；另一方面，若民宿必经路段容易出现交通拥挤，也会影响消费者的感受。当消费者在交通中就产生各种不便时，最初的身心放松的需求就无法得到满足。

民宿对基础设施环境的打造会影响游客的情感。而积极情感会刺激仪式感的形成，当入住者对所处的民宿环境感到愉悦时，其参与仪式活动的意识就会增强，仪式感也会随之而生。极具设计感的设施环境会使游客感受到民宿主人的情怀和生活仪式感，在入住过程中，这种生活仪式感不仅能满足游客的仪式需求，在一定程度上也能够传递给游客积极的情绪。

民宿在建设基础设施时如果考虑设置无障碍通道和方便残障人士使用的便利设施，会让游客感受到充分的尊重。而在民宿中提供儿童餐、儿童用品、儿童区域，为亲子出游提供方便，可以使父母对自我身份产生充分的认同，进而促进亲子间的情感。民宿个性化的基础设施环境可以传递情感，使入驻者感到温暖。

据此，我们可以提出以下假设：

H5a：基础设施环境对愉悦感具有正向影响。

H5b：基础设施环境对仪式感具有正向影响。

H5c：基础设施环境对个人成长具有正向影响。

（六）愉悦感对重游意愿的影响

王建芹（2021）在研究中指出良好的主客互动可以使游客感受到愉悦感和归属感，从而形成一种责任感，主要表现在购买或重游行为。环境心理学认为当人的情绪有了变化时，其认知和行为也可能会发生变化。陈晔等（2017）通过引入社会互动理论探讨了游客之间积极的互

动可以提高个体的愉悦情绪。Huang Q 等（2019）研究指出自然环境元素会缓解人的身心压力，使人心情愉悦。徐宁宁等（2019）以情绪评价理论为基础，通过实证研究得出愉悦等积极情绪会通过满意度来影响游客的重游意愿。JE Bigné 等（2005）在对主题公园的研究中指出愉快等积极情绪会提高游客的满意度；Chen 和 Tsai（2007）研究发现对旅游目的地越满意的顾客会更愿意再次来到此地游玩。因此愉悦感能通过满意度正向影响游客的重游意愿。Silvia 等（2011）在对某地节庆活动的研究中得出游客的愉悦情绪会对其重游意愿产生积极影响。情绪体验一般包括愉悦、唤起等维度，白凯和郭生伟（2010）在研究中指出正面的情绪体验，如愉悦，会直接导致其重游意愿。愉悦感是消费者行为研究中的重要情感之一，它对消费者的行为意向、幸福感有着重要影响。

据此，我们可以提出以下假设：

H6：愉悦感对重游意愿具有正向影响。

（七）愉悦感的中介作用

基于 S－O－R 理论，良好的主客互动、客客互动、自然环境、人文环境和基础设施建设会使顾客心情愉悦，游客在民宿入住过程中压力得以释放、心情得到改善，进而产生愉悦感。积极情绪的产生会提高游客的满意度和重游意愿。

据此，我们可以提出以下假设：

H7a：愉悦感在主客互动与游客重游意愿之间起中介

作用。

H7b：愉悦感在客客互动与游客重游意愿之间起中介作用。

H7c：愉悦感在自然环境与游客重游意愿之间起中介作用。

H7d：愉悦感在人文环境与游客重游意愿之间起中介作用。

H7e：愉悦感在基础设施环境与游客重游意愿之间起中介作用。

（八）仪式感对重游意愿的影响

Vohs 等（2013）认为仪式可以刺激人们参与相关活动，引发进一步的消费行为。旅游仪式活动会引起游客的好奇心，增强目的地的吸引力，从而提高游客的重游意愿。白世贞等（2021）基于 M－R 模型，构建仪式感对重游意愿的影响研究框架，将仪式感划分为独特性和礼仪性两个维度，且都证明了对游客的重游意愿有积极影响，并且独特性和礼仪性可以通过唤醒情感来影响游客的重游意愿。

据此，我们可以提出以下假设：

H8：仪式感对重游意愿具有正向影响。

（九）仪式感的中介作用

主客互动、客客互动是仪式活动传递的一个过程，晏青等（2021）研究发现个体在互动中获得的社交价值对仪

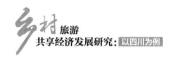

式感的形成具有正向影响，当社会成员分享某事物、观念、知识等并共同认可时，其便成为一种社会符号，有利于仪式感的产生。基于某一话题进行积极的互动交谈可以促进仪式感的形成。郭双节（2013）认为人与自然相处的过程就是仪式活动，能形成仪式感。

仪式感产生于当地的民俗活动、乡土体验活动等，尤其是群体性的活动，会给人们带来更加强烈的仪式感。积极情感会刺激仪式感的形成，而民宿良好的环境要素和友善的互动氛围会提升游客的积极性。旅游仪式活动会让游客感受到当地人的热情，如献哈达，体现了对客人远道而来的欢迎，给游客留下了深刻的印象，有利于提高游客的重游意愿。

据此，我们可以提出以下假设：

H9a：仪式感在主客互动与游客重游意愿之间起中介作用。

H9b：仪式感在客客互动与游客重游意愿之间起中介作用。

H9c：仪式感在自然环境与游客重游意愿之间起中介作用。

H9d：仪式感在人文环境与游客重游意愿之间起中介作用。

H9e：仪式感在基础设施环境与游客重游意愿之间起中介作用。

（十）个人成长对重游意愿的影响

当个人感受到自己在某一环境中可以获得较好的自我成长时，会尽可能多地置身于这一环境。因此，当游客意识到在民宿中居住的体验对自身认知世界、提升自我有帮助时，其再次选择该民宿的意愿会提高。

据此，我们可以提出以下假设：

H10：个人成长对重游意愿具有正向影响。

（十一）个人成长的中介作用

良好的民宿环境可以使游客更为自在和放松，这种心境的变化，使得个体在体验自然环境与人文环境时更容易回归真实的自我。谢彦君(2017)在研究中指出，亲身参与和体验有利于帮助游客丰富自我认知，实现自我发展。Decrop 等(2004)认为房东与游客的交流是一种平等的交流，这种互动以共同的价值观为基础，有利于游客形成一种稳定的归属感，进而产生强烈的重游意愿。

据此，我们可以提出以下假设：

H11a：个人成长在主客互动与游客重游意愿之间起中介作用。

H11b：个人成长在客客互动与游客重游意愿之间起中介作用。

H11c：个人成长在自然环境与游客重游意愿之间起中介作用。

H11d：个人成长在人文环境与游客重游意愿之间起

中介作用。

H11e：个人成长在基础设施环境与游客重游意愿之间起中介作用。

图5-1为乡村民宿重游意愿影响因素的理论模型。

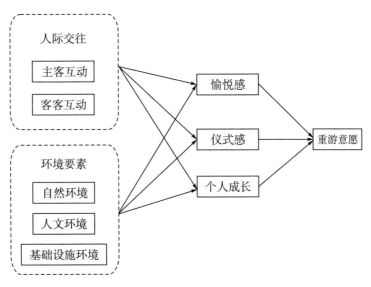

图5-1　乡村民宿重游意愿影响因素的理论模型

第二节　研究设计

本研究中的主要自变量主要包括人际交往（主客互动、客客互动）和环境要素（自然环境、人文环境、基础设施环境）。中介变量主要包括愉悦感、个人成长、仪式感。因变量主要包括重游意愿。在整个过程中，采用李克特7点量表对已搜集的测量量表进行打分，1~7依次表示完全不同意、不同意、较不同意、一般、较同意、同意、完全同意。调查问卷的主要内容如下：

第一部分：了解受访者的基本信息，包括性别、年龄、受教育程度及职业等。

第二部分：对各变量进行测量。

人文环境的测量主要借鉴 Kim（2014）、徐宁宁（2019）的量表，采用 4 个题项；自然环境的测量主要借鉴黄杜佳（2016）的量表，采用 2 个题项；基础设施环境的测量主要借鉴 Mahadevan 和 Renuka（2018）的量表，采用 5 个题项；主客互动的测量主要借鉴杨钦钦和谢朝武（2019）、王建芹（2021）的量表，采用 3 个题项；客客互动的测量主要借鉴陈晔等（2017）的量表，采用 5 个题项。愉悦感的测量主要借鉴 Dedeoğlu（2015）的量表，采用 3 个题项；仪式感的测量主要借鉴张晓等（2020）的量表，采用 4 个题项；个人成长的测量主要借鉴妥艳娟等（2020）的量表，采用 5 个题项。民宿重游意愿的测量主要借鉴王维靖等（2021）的量表，采用 3 个题项。综合性观测量表具体见表 5—1。

表 5-1　观测量表

潜变量	问项	题项	来源
人文环境	RW1	该乡村民宿内有丰富多彩的民俗活动	Kim J H（2014）、徐宁宁等（2019）
	RW2	该乡村民宿的主人淳朴热情	
	RW3	该乡村民宿的文化底蕴深厚	
	RW4	该乡村民宿内民间手艺以动态的方式展现和传承	
自然环境	ZR1	建筑、设施与其周边自然环境、景观相协调	黄杜佳（2016）
	ZR2	提供符合当地自然生态的旅游体验项目，如森林浴、温泉	
基础设施	SS1	该乡村民宿内生活用品齐全且使用方便	Mahadevan 和 Renuka（2018）
	SS2	该乡村民宿内住宿环境安静整洁	
	SS3	该乡村民宿内洗衣机、吹风机、厨房等家电设施齐全	
	SS4	该乡村民宿周围交通便利、出行方便	
	SS5	该乡村民宿周围购物、餐饮等配套设施齐全、便利	
主客互动	ZK1	该乡村民宿主人乐意为客人提供帮助和建议	杨钦钦和谢朝武（2019）、王建芹（2021）
	ZK2	和该乡村民宿主人交流是一件轻松愉悦的事	
	ZK3	和该乡村民宿主人交流让我感受到旅途的温暖	
客客互动	KK1	我与该乡村民宿的其他游客会随意聊天	陈晔等（2017）
	KK2	该乡村民宿的游客乐于分享旅游经历	
	KK3	该乡村民宿的游客乐于助人	
	KK4	当遇到困难求助时，该乡村民宿的其他游客会提供帮助	

潜变量	问项	题项	来源
愉悦感	YY1	我很高兴在这家乡村民宿入住	Dedeoğlu（2015）
	YY2	我很享受在这家乡村民宿度过的时光	
	YY3	在这家乡村民宿度过的时光是愉快的	
仪式感	YS1	这家乡村民宿举办的仪式活动体现了当地文化	张晓等（2020）
	YS2	我很用心地参与了这家乡村民宿举办的活动	
	YS3	这家乡村民宿的特定场景体验给我留下了美好的回忆	
	YS4	我通过这家乡村民宿的仪式体验获得了对自我和生命的认知	
个人成长	RZ1	这次乡村民宿体验提升了我看问题的境界	妥艳媜等（2020）
	RZ2	这次乡村民宿体验让我学会了更加乐观地对待生活	
	RZ3	这次乡村民宿体验使我对学会了积极思考	
	RZ4	这次乡村民宿体验让我对人生有所领悟	
	RZ5	这次乡村民宿体验让我感到自己有所成长	
重游意愿	CY1	如果有机会，我愿意再次入住该乡村民宿	王维靖等（2021）
	CY2	如果有机会，我愿意向我的亲朋好友推荐该乡村民宿	
	CY3	如果有机会，我愿意在社交平台上分享该乡村民宿	

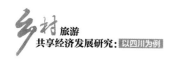

第三节 数据分析

本次研究共回收问卷 375 份，排除缺失数值或存在异常值等无效问卷后，共得到有效问卷 342 份。问卷有效率为 91.2%。被调查者女性有 166 人，占比 48.5%；男性有 176 人，占比 51.5%。其中 18～30 岁有 148 人，占比 43.3%；18 岁以下有 32 人，占比 9.4%；31～40 岁有 52 人，占比 15.2%；41～50 岁有 49 人，占比 14.3%；51～60 岁有 19 人，占比 5.6%；60 岁以上有 42 人，占比 12.3%。硕士及以上有 38 人，占比 11.1%；本科有 171 人，占比 50%；专科及以下有 133 人，占比 38.9%。学生有 38 人，占比 11.1%；企事业单位人员有 153 人，占比 44.7%；自由职业者有 107 人，占比 31.3%；离退休人员有 42 人，占比 12.3%；其他有 2 人，占比 0.6%。

一、量表信度和效度检验

在本书的问卷测量中，9 个变量的 Cronbach's α 值均在 0.8 以上，所有维度的 KMO 值均在 0.7 以上，整体 KMO 值为 0.909，说明问卷具有较好的信度。

量表测量的效度主要包括内容效度和构建效度两个方面。（1）内容效度，本书使用的量表无论是测量题项还是测量方法均借鉴成熟量表，并先通过了初测，因此可以认为本书使用的量表具有较好的内容效度。（2）构建效度，构建效度检验包括收敛效度与判别效度。通过验证性因子检验，所有问项的因子载荷均大于 0.7，组合信度均大于 0.7，平均变异抽取量均大于 0.5，说明研究的潜在变量具有较好的收敛效度。信度、收敛效度具体见表 5-2。

表 5-2 信度、收敛效度

潜变量	问项	标准化因子载荷	Cronbach's α	平均变异抽取量（AVE）	组合信度（CR）
主客互动	ZK3	0.826	0.852	0.708	0.879
	ZK2	0.865			
	ZK1	0.834			
客客互动	KK4	0.831	0.888	0.677	0.893
	KK3	0.795			
	KK2	0.856			
	KK1	0.807			
人文环境	RW4	0.839	0.886	0.687	0.898
	RW3	0.815			
	RW2	0.852			
	RW1	0.809			
自然环境	ZR2	0.833	0.826	0.761	0.864
	ZR1	0.838			
基础设施环境	SS5	0.832	0.907	0.721	0.928
	SS4	0.842			
	SS3	0.854			
	SS2	0.871			
	SS1	0.845			

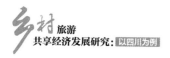

续表5-2

潜变量	问项	标准化因子载荷	Cronbach's α	平均变异抽取量（AVE）	组合信度（CR）
愉悦感	YY1	0.797	0.900	0.675	0.862
	YY2	0.843			
	YY3	0.824			
仪式感	YS1	0.822	0.929	0.685	0.897
	YS2	0.847			
	YS3	0.816			
	YS4	0.825			
个人成长	RZ5	0.822	0.929	0.659	0.906
	RZ4	0.818			
	RZ3	0.807			
	RZ2	0.799			
	RZ1	0.813			
重游意愿	CY1	0.72	0.843	0.535	0.776
	CY2	0.735			
	CY3	0.74			

  本书将所有潜变量的 AVE 平方根值放入潜变量间相关系数矩阵进行比较，均满足大于其所在行与列潜变量相关系数绝对值的标准，表明研究的潜在变量具有较好的判别效度。判别效度表具体见表5-3。

表 5-3　判别效度

潜变量	主客	客客	人文	自然	设施	愉悦	仪式	成长	重游
主客	0.842								
客客	0.276**	0.823							
人文	0.180**	0.268**	0.829						
自然	0.164**	0.142**	0.190**	0.873					
设施	0.015	-0.004	0.101	0.103	0.849				
愉悦	0.319**	0.318**	0.311**	0.301**	0.203**	0.822			
仪式	0.345**	0.394**	0.346**	0.265**	0.104	0.478**	0.828		
成长	0.329**	0.388**	0.372**	0.386**	0.103	0.462**	0.489**	0.812	
重游	0.370**	0.429**	0.392**	0.368**	0.215**	0.511**	0.509**	0.538**	0.732
均值	5.245	5.224	5.235	5.222	5.278	4.866	4.781	4.918	5.122
标准差	1.508	1.512	1.518	1.593	1.522	1.787	1.863	1.738	1.453

注：** 在 0.01 级别（双尾），相关性显著；对角线为 AVE 平方根。

二、假设检验

（一）主效应检验

本书中的结构方程模型路径系数具体见表 5-4。

表 5-4　结构方程模型路径系数

路径	方向	路径系数	t 值	结果
主客→愉悦	正	0.229	3.966***	支持
主客→仪式	正	0.244	4.361***	支持
主客→成长	正	0.193	3.606***	支持
客客→愉悦	正	0.207	3.603***	支持
客客→仪式	正	0.278	4.968***	支持

续表5-4

路径	方向	路径系数	t 值	结果
客客→成长	正	0.261	4.801***	支持
自然→愉悦	正	0.240	4.187***	支持
自然→仪式	正	0.184	3.362***	支持
自然→成长	正	0.324	5.836***	支持
人文→愉悦	正	0.183	3.248**	支持
人文→仪式	正	0.211	3.862***	支持
人文→成长	正	0.227	4.271***	支持
设施→愉悦	正	0.181	3.505***	支持
设施→仪式	正	0.070	1.418	不支持
设施→成长	正	0.053	1.114	不支持
愉悦→重游	正	0.313	5.559***	支持
仪式→重游	正	0.273	4.987***	支持
成长→重游	正	0.348	6.112***	支持

注：**表示 $p < 0.01$，***表示 $p < 0.001$。

具体可得出以下结论。

1. 主客互动对个体感知的影响

主客互动显著正向影响游客的愉悦感（$\beta = 0.229$，$p < 0.001$），由此可知主客互动越积极，游客的愉悦感越强烈。假设 H1a 得到支持。主客互动显著正向影响游客的仪式感（$\beta = 0.244$，$p < 0.001$），由此可知主客互动越积极，游客的仪式感越强烈。假设 H1b 得到支持。主客互动显著正向影响游客的个人成长（$\beta = 0.193$，$p < 0.001$），由此可知主客互动越积极，越有利于游客的自我

成长。假设 H1c 得到支持。

2. 客客互动对个体感知的影响

客客互动显著正向影响游客的愉悦感（β＝0.207，$p<0.001$），由此可知游客之间的互动越积极，个体的愉悦感越强烈。假设 H2a 得到支持。客客互动显著正向影响游客的仪式感（β＝0.278，$p<0.001$），由此可知游客之间的互动越积极，游客的仪式感越强烈。假设 H2b 得到支持。客客互动显著正向影响游客的个人成长（β＝0.261，$p<0.001$），由此可知游客之间的互动有利于个体的自我成长。假设 H2c 得到支持。

3. 自然环境对个体感知的影响

自然环境显著正向影响游客的愉悦感（β＝0.240，$p<0.001$），由此可知民宿所处的自然环境越好，游客的愉悦感越强烈。假设 H3a 得到支持。自然环境显著正向影响游客的仪式感（β＝0.184，$p<0.001$），由此可知民宿所处的自然环境越好，游客的仪式感越强烈。假设 H3b 得到支持。自然环境显著正向影响游客的个人成长（β＝0.324，$p<0.001$），由此可知民宿所处的自然环境越好，越有利于游客的个人成长。假设 H3c 得到支持。

4. 人文环境对个体感知的影响

人文环境显著正向影响游客的愉悦感（β＝0.183，$p<0.01$），由此可知民宿的人文环境越好，游客个体所产生的愉悦感越强烈。假设 H4a 得到支持。人文环境显著正向影响游客的仪式感（β＝0.211，$p<0.001$），由此可知民宿的

人文环境越好，游客个体所产生的仪式感越强烈。假设
H4b 得到支持。人文环境显著正向影响游客的个人成长
（β＝0.227，p＜0.001），由此可知民宿的人文环境越好，
越有利于游客的个人成长。假设 H4c 得到支持。

5. 基础设施环境对个体感知的影响

基础设施环境显著正向影响游客的愉悦感（β＝
0.181，p＜0.001），由此可知民宿周边的基础设施环境
越完善，游客愉悦感越强烈。假设 H5a 得到支持。基础
设施环境对游客的仪式感没有显著影响（β＝0.07，p＝
0.156），由此可知基础设施环境对游客的仪式感没有显著
影响。假设 H5b 未得到支持。基础设施环境对游客的个
人成长没有显著影响（β＝0.053，p＝0.265），由此可知
基础设施环境对游客的个人成长没有显著影响。假设 H5c
未得到支持。

6. 愉悦感对乡村民宿重游意愿的影响

愉悦感显著正向影响游客的重游意愿（β＝0.313，
p＜0.001），由此可知游客的愉悦感越强烈，其重游意愿
也会更强。假设 H6 得到支持。

7. 仪式感对乡村民宿重游意愿的影响

仪式感显著正向影响游客的重游意愿（β＝0.273，
p＜0.001），由此可知游客感知的仪式感越强烈，其重游
意愿也会更强。假设 H8 得到支持。

8. 个体成长对乡村民宿重游意愿的影响

个人成长显著正向影响游客的重游意愿（β＝0.348，

$p<0.001$），由此可知游客感知个人成长的程度越高，其重游意愿会更强。假设 H10 得到支持。

（二）中介效应检验

本研究借助 Amos 22.0 软件，采取 Bootstrap 法进行变量间的中介效应检验（见表 5—5），通过反复抽样，使现有样本数量递增，重复抽取 5000 次，置信区间的置信度选择 95％，若置信区间内不包含 0，则具有中介效应。

表 5—5　标准化的 Bootstrap 中介效应检验

路径	效应值	标准误	95％置信区间		结果
			极小值	极大值	
主客互动—愉悦感—重游意愿	0.072	0.027	0.030	0.142	成立
主客互动→仪式感→重游意愿	0.067	0.024	0.029	0.127	成立
主客互动→个人成长→重游意愿	0.067	0.027	0.024	0.132	成立
客客互动→愉悦感→重游意愿	0.065	0.028	0.023	0.135	成立
客客互动→仪式感→重游意愿	0.076	0.025	0.037	0.141	成立
客客互动→个人成长→重游意愿	0.091	0.029	0.045	0.160	成立
人文环境→愉悦感→重游意愿	0.057	0.025	0.020	0.120	成立
人文环境→仪式感→重游意愿	0.058	0.022	0.024	0.113	成立
人文环境→个人成长→重游意愿	0.079	0.027	0.037	0.143	成立
自然环境→愉悦感→重游意愿	0.075	0.029	0.029	0.147	成立
自然环境→仪式感→重游意愿	0.050	0.022	0.016	0.106	成立
自然环境→个人成长→重游意愿	0.113	0.031	0.060	0.184	成立
基础设施环境→愉悦感→重游意愿	0.057	0.025	0.019	0.116	成立

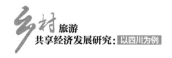

续表5-5

路径	效应值	标准误	95%置信区间		结果
			极小值	极大值	
基础设施环境→仪式感→重游意愿	0.019	0.018	−0.010	0.062	不成立
基础设施环境→个人成长→重游意愿	0.018	0.018	−0.013	0.060	不成立

主客互动显著正向影响游客的愉悦感（$\beta = 0.229$，$p < 0.001$），愉悦感显著正向影响游客的重游意愿（$\beta = 0.313$，$p < 0.001$），愉悦感的间接效应值为0.072，对应置信区间上显著（Boot LLCI = 0.030，Boot ULCI = 0.142），说明愉悦感在主客互动和重游意愿之间起中介作用。假设H7a得到支持。

主客互动显著正向影响游客的仪式感（$\beta = 0.244$，$p < 0.001$），仪式感显著正向影响游客的重游意愿（$\beta = 0.273$，$p < 0.001$），仪式感的间接效应值为0.067，对应置信区间上显著（Boot LLCI = 0.029，Boot ULCI = 0.127），说明仪式感在主客互动和重游意愿之间起中介作用。假设H9a得到支持。

主客互动显著正向影响游客的个人成长（$\beta = 0.193$，$p < 0.001$），个人成长显著正向影响游客的重游意愿（$\beta = 0.348$，$p < 0.001$），个人成长的间接效应值为0.067，对应置信区间上显著（Boot LLCI = 0.024，Boot ULCI = 0.132），说明个人成长在主客互动和重游意愿之间起中介作用。假设H11a得到支持。

客客互动显著正向影响游客的愉悦感（$\beta = 0.207$，$p < 0.001$），愉悦感显著正向影响游客的重游意愿（$\beta = 0.313$，$p < 0.001$），愉悦感的间接效应值为 0.065，对应置信区间上显著（Boot LLCI = 0.023，Boot ULCI = 0.135），说明愉悦感在客客互动和重游意愿之间起中介作用。假设 H7b 得到支持。

客客互动显著正向影响游客的仪式感（$\beta = 0.278$，$p < 0.001$），仪式感显著正向影响游客的重游意愿（$\beta = 0.273$，$p < 0.001$），仪式感的间接效应值为 0.076，对应置信区间上显著（Boot LLCI = 0.037，Boot ULCI = 0.141），说明仪式感在客客互动和重游意愿之间起中介作用。假设 H9b 得到支持。

客客互动显著正向影响游客的个人成长（$\beta = 0.261$，$p < 0.001$），个人成长显著正向影响游客的重游意愿（$\beta = 0.348$，$p < 0.001$），个人成长的间接效应值为 0.091，对应置信区间上显著（Boot LLCI = 0.045，Boot ULCI = 0.160），说明个人成长在客客互动和重游意愿之间起中介作用。假设 H11b 得到支持。

自然环境显著正向影响游客的愉悦感（$\beta = 0.240$，$p < 0.001$），愉悦感显著正向影响游客的重游意愿（$\beta = 0.313$，$p < 0.001$），愉悦感的间接效应值为 0.075，对应置信区间上显著（Boot LLCI = 0.029，Boot ULCI = 0.147），说明愉悦感在自然环境和重游意愿之间起中介作用。假设 H7c 得到支持。

自然环境显著正向影响游客的仪式感（$\beta = 0.184$，

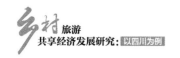

$p<0.001$)，仪式感显著正向影响游客的重游意愿（β＝
0.273，$p<0.001$），仪式感的间接效应值为 0.050，对应
置信区间上显著（Boot LLCI＝0.016，Boot ULCI＝
0.106），说明仪式感在自然环境和重游意愿之间起中介作
用。假设 H9c 得到支持。

自然环境显著正向影响游客的个人成长（β＝0.324，
$p<0.001$），个人成长显著正向影响游客的重游意愿（β＝
0.348，$p<0.001$），个人成长的间接效应值为 0.113，对
应置信区间上显著（Boot LLCI＝0.060，Boot ULCI＝
0.184），说明个人成长在自然环境和重游意愿之间起中介
作用。假设 H11c 得到支持。

人文环境显著正向影响游客的愉悦感（β＝0.183，
$p<0.01$），愉悦感显著正向影响游客的重游意愿（β＝
0.313，$p<0.001$），愉悦感的间接效应值为 0.057，对应
置信区间上显著（Boot LLCI＝0.020，Boot ULCI＝
0.120），说明愉悦感在人文环境和重游意愿之间起中介作
用。假设 H7d 得到支持。

人文环境显著正向影响游客的仪式感（β＝0.211，
$p<0.001$），仪式感显著正向影响游客的重游意愿（β＝
0.273，$p<0.001$），仪式感的间接效应值为 0.058，对应
置信区间上显著（Boot LLCI＝0.024，Boot ULCI＝
0.113），说明仪式感在人文环境和重游意愿之间起中介作
用。假设 H9d 得到支持。

人文环境显著正向影响游客的个人成长（β＝0.227，
$p<0.001$），个人成长显著正向影响游客的重游意愿（β＝

0.348，$p<0.001$），个人成长的间接效应值为 0.079，对应置信区间上显著（Boot LLCI＝0.037，Boot ULCI＝0.143），说明个人成长在人文环境和重游意愿之间起中介作用。假设 H11d 得到支持。

基础设施环境显著正向影响游客的愉悦感（$\beta=$0.181，$p<0.001$），愉悦感显著正向影响游客的重游意愿（$\beta=0.313$，$p<0.001$），愉悦感的间接效应值为 0.057，对应置信区间上显著（Boot LLCI＝0.019，Boot ULCI＝0.116），说明愉悦感在基础设施环境和重游意愿之间起中介作用。假设 H7e 得到支持。

基础设施环境对游客的仪式感没有显著影响（$\beta=$0.07，$p=0.156$），仪式感显著正向影响游客的重游意愿（$\beta=0.273$，$p<0.001$），仪式感的间接效应值为 0.019，对应置信区间（Boot LLCI＝－0.010，Boot ULCI＝0.062）包含零，说明仪式感在基础设施环境和重游意愿之间不存在中介作用。假设 H9e 未得到支持。

基础设施环境对游客的个人成长没有显著影响（$\beta=$0.053，$p=0.265$），个人成长显著正向影响游客的重游意愿（$\beta=0.348$，$p<0.001$），个人成长的间接效应值为 0.018，对应置信区间（Boot LLCI＝－0.013，Boot ULCI＝0.060）包含零，说明个人成长在基础设施环境和重游意愿之间不存在中介作用。假设 H11e 未得到支持。

根据前文的实证分析结果，汇总研究假设的检验结果，具体见表 5－6：

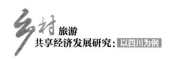

表 5-6　假设检验结果

题项	内容	结果
H1a	主客互动对愉悦感具有正向影响	支持
H1b	主客互动对仪式感具有正向影响	支持
H1c	主客互动对个人成长具有正向影响	支持
H2a	客客互动对愉悦感具有正向影响	支持
H2b	客客互动对仪式感具有正向影响	支持
H2c	客客互动对个人成长具有正向影响	支持
H3a	自然环境对愉悦感具有正向影响	支持
H3b	自然环境对仪式感具有正向影响	支持
H3c	自然环境对个人成长具有正向影响	支持
H4a	人文环境对愉悦感具有正向影响	支持
H4b	人文环境对仪式感具有正向影响	支持
H4c	人文环境对个人成长具有正向影响	支持
H5a	基础设施环境对愉悦感具有正向影响	支持
H5b	基础设施环境对仪式感具有正向影响	不支持
H5c	基础设施环境对个人成长具有正向影响	不支持
H6	愉悦感对重游意愿具有正向影响	支持
H7a	愉悦感在主客互动与游客重游意愿之间起中介作用	支持
H7b	愉悦感在客客互动与游客重游意愿之间起中介作用	支持
H7c	愉悦感在自然环境与游客重游意愿之间起中介作用	支持
H7d	愉悦感在人文环境与游客重游意愿之间起中介作用	支持
H7e	愉悦感在基础设施环境与游客重游意愿之间起中介作用	支持
H8	仪式感对重游意愿具有正向影响	支持
H9a	仪式感在主客互动与游客重游意愿之间起中介作用	支持

题项	内容	结果
H9b	仪式感在客客互动与游客重游意愿之间起中介作用	支持
H9c	仪式感在自然环境与游客重游意愿之间起中介作用	支持
H9d	仪式感在人文环境与游客重游意愿之间起中介作用	支持
H9e	仪式感在基础设施环境与游客重游意愿之间起中介作用	不支持
H10	个人成长对重游意愿具有正向影响	支持
H11a	个人成长在主客互动与游客重游意愿之间起中介作用	支持
H11b	个人成长在客客互动与游客重游意愿之间起中介作用	支持
H11c	个人成长在自然环境与游客重游意愿之间起中介作用	支持
H11d	个人成长在人文环境与游客重游意愿之间起中介作用	支持
H11e	个人成长在基础设施环境与游客重游意愿之间起中介作用	不支持

第四节 研究结论

（一）人际交往是游客重游意愿的重要影响因素，乡村民宿的人际交往分为主客互动和客客互动两个维度

主客互动对游客的愉悦感有积极影响，并且会通过愉悦感正向影响游客的重游意愿。民宿主人与游客之间良好的互动会刺激双方的情感发生积极变化，与民宿主人的积极互动会促使游客通过一定的行为来给予反馈，例如向周边的朋友推荐该民宿或本人若有机会愿意再次入住。主客

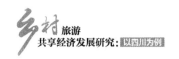

互动对游客的仪式感知有积极影响，并且会通过仪式感正向影响游客的重游意愿。个体通过互动获得自身的社交价值，从而有利于仪式感的形成。主客互动对游客的个人成长有积极影响，并且通过个人成长正向影响游客的重游意愿。民宿主人与游客的交流互动可以满足游客的个性化消费需求，有利于游客增强自我认同，实现自我价值，获得自我成长。

客客互动会正向影响游客的愉悦感，并通过愉悦感正向影响游客的重游意愿。游客之间的友好互动可以促进游客的积极情绪，提升游客的幸福感。客客互动对游客的仪式感有正向影响，并通过仪式感正向影响游客的重游意愿。游客通过互动交流进行认识、观念的分享，这一过程有利于仪式感的增强。客客互动对游客的个人成长有正向影响，并通过个人成长正向影响游客的重游意愿。社交互动有利于个体更好地认识自我、提升自我，进而实现个人成长。

（二）环境要素是游客乡村民宿重游意愿的重要影响因素，乡村民宿的环境要素分为自然环境、人文环境和基础设施环境三个维度

自然环境会正向影响游客的愉悦感，并通过愉悦感正向影响游客的重游意愿。当游客沉浸于优美的自然环境中时，其重游意愿也会随之提高。自然环境对游客的仪式感有正向影响，并通过仪式感正向影响游客的重游意愿。人与自然相处、回归自然本身就是一种仪式化的行为，仪式

感产生于人与自然相处的生存智慧中。自然环境对游客的个人成长有正向影响，并通过个人成长正向影响游客的重游意愿。人在与自然相处时，会更加容易忘记世俗的烦恼，更愿意面对自己的内心，从而获得自我成长与发展。

人文环境会正向影响游客的愉悦感，并通过愉悦感正向影响游客的重游意愿。民宿营造的人文环境会刺激游客愉悦情绪的产生，使人的人身心得到放松，进而释放自我。人文环境对游客的仪式感有正向影响，并通过仪式感正向影响游客的重游意愿。参加活动融入当地的风土人情，也会提升游客的仪式感。人文环境对游客的个人成长有正向影响，并通过个人成长正向影响游客的重游意愿。了解当地的饮食文化，亲身体验当地的民俗活动，理解当地的生活习俗，不仅可以实现个体知识的增长，也有利于游客在这些真实性、超越日常的人文特色中实现自我成长。

基础设施环境会正向影响游客的愉悦感，并通过愉悦感正向影响游客的重游意愿。完善的基础设施会给游客带来更好的住宿体验，从而产生安全感和愉悦感。基础设施环境对游客的仪式感、个人成长的影响并不显著，且仪式感、个人成长在基础设施环境和游客的重游意愿之间不存在中介作用。仪式感、个人成长主要作为一种心理状态或一种自我价值追求而存在，基础设施环境作为一种外在的条件，可能更多地发挥调节作用或保障作用，而无法直接作用于游客的仪式感和个人成长。

（三）愉悦感、仪式感、个人成长是乡村民宿游客选择重游的重要心理感知因素

愉悦感对游客的重游意愿有正向影响。愉悦感作为一种积极情绪，表明游客对民宿入住体验给予了积极的评价。仪式感对游客的重游意愿有正向影响。民宿旅游本身就是一种仪式活动，人们通过亲身体验获得精神性的满足。个人成长对游客的重游意愿具有正向影响。人们通过旅游的方式进一步实现自我成长与自我肯定，这种获得感也会提高游客的重游意愿。

第五节　对策与建议

基于上述内容，本书认为，推进四川乡村旅游住宿共享高质量发展，可从以下几方面入手。

一、营造互动氛围，提高服务品质

（一）提供真诚服务

乡村民宿的服务因区别于酒店的统一管理而更受消费者的关注，提高服务质量会让游客感到温暖和舒适，因此，民宿应注意服务方式和服务态度，从以下几个方面提升服务水平：第一，努力提升服务质量的专业化和标准化水平，营造舒适的居住环境，增强游客的安全感；第二，积极与游客沟通，了解其住宿或出行需求，为其推荐合适的旅游路线，如以美食为目的的旅游路线或以风景为目的的旅游路线等；第三，加强对民宿服务人员的培训，提升其礼仪水平，增强其服务意识；第四，为游客提供具有当地特色的礼物，借以宣传旅游地，提升游客的再购买意愿。

若与第三方平台合作，民宿还应注意提升线上平台的服务意识，及时回复线上用户的咨询，确保回复的内容真实准确，在接受订单时要确认是否还有可用房源，确保房源信息的真实性，尽量避免信息不对称。

（二）加强交流互动

交流互动是游客选择民宿的重要影响因素之一，也是建立主客情感关系的有效途径。民宿可以通过营造积极友好的交流氛围，组织和举办团体活动，使游客之间能良性互动，从而提升游客对民宿的整体感知，提高游客的重游意愿，促进民宿的持续经营。

二、打造民宿品牌，加强营销宣传

（一）注重营销互动，引入仪式感营销

民宿的宣传既要充分利用互联网平台，也要有效利用已入住游客的分享渠道，提升大众对民宿的熟悉度。在宣传过程中，民宿要突出特色主题和自然环境、人文环境。民宿可以营造家的氛围，这是其不同于酒店的特点之一，

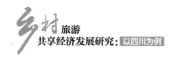

宣传时可以充分利用这一点。在民宿体验中，仪式感的获得尤为重要，它能够引起游客的情感共鸣，赋予游客愉悦感和幸福感。在提升民宿整体品位的过程中，要利用特定的氛围、空间和角色定位设计活动，营造氛围，抓住游客的仪式感需求，组织游客参与活动，打造相关的体验场景，增强游客的归属感和幸福感。

（二）打造民宿品牌，提升品牌意识

随着民宿的兴起和发展，打造自有品牌、提高品牌知名度成为民宿的营销方式之一。民宿品牌对消费者的重游意愿有重要影响，民宿产品必须有效利用现代营销手段，通过不同渠道进行营销宣传，树立品牌意识，重视品牌打造，形成品牌效应，提高品牌吸引力，从而提高游客的民宿品牌忠诚度，刺激游客的民宿重游意愿。

三、完善内部布局，打造特色民宿

（一）充分利用和保护自然地理环境

自然景色是民宿的载体，游客出行时对民宿的自然景观和居住环境充满憧憬，民宿应结合实际与当地特色，充分利用建筑设计、外观布局和内部装饰，打造特色环境。在建设和设计时，要注重民宿的原真性，融入当地的本真元素和田园风光。同时，民宿在发展过程中也要注重环境保护，维护当地的自然生态平衡，并向游客宣传环保的具体内容与知识。

（二）立足本土特色，融合当地文化

乡土性是民宿的核心要素，发展民宿要充分挖掘本地特色，打造独具魅力的民宿产品。民宿经营者要对本土文化有一定的知识储备，在宣传民宿品牌的同时助力当地的文化传播。如可以立足本土建筑，保留历史记忆，将传统建筑文化融入民宿的修建之中，使民宿与地方人文环境协调统一。还可以举办特色活动，展现民宿的人文特色，如季节性采摘、蔬果种植等乡村生活体验活动。

（三）营造舒适的入住氛围

民宿不仅仅要满足游客的住宿、就餐需求，也要带给游客舒适的入住体验。比如在公共休闲空间的打造上，可以设置吧台、圆桌沙发等公共设施；在房间内部，可以提供开放式厨房。同时，确保用电方便、网络通信通畅，洗衣机、烘干机等家用电器清洁便利。此外还要注意民宿内部整体灯光色调的设置及装饰品的摆放，以给游客最好的入住体验。

四、完善整体规划，加强平台监管

（一）完善公共基础设施，加强交通网络构建

一是要加强与当地政府的沟通合作，完善配套设施，如超市、公共厕所、休息场地、运动场所等。这样既能方便当地居民，提高其居住环境的质量，又能满足游客的需

求，为其带来更好的住宿体验。

二是要优化乡村民宿所在地的交通网络布局，提高民宿与景点、民宿与客源地之间的交通可达性。引入信息化技术，搭建智慧交通平台，加强旅游目的地集散体系建设，提高旅游目的地的交通服务能力。确保乡村道路的安全畅通，做好日常维护工作，完善旅游高峰期道路疏散管理方案，提高旅游交通质量。做好乡村民宿停车位规划建设工作，解决游客停车问题。

（二）形成规模效应，加强民宿管理

乡村民宿规模化发展有利于带动民宿整体发展，提升民宿质量，因此，地方政府可以依据当地民宿发展实际和行业综合现状制定民宿管理规范，严格规范民宿的经营用房、消防安全、卫生保障等，加强民宿在线订购平台监管，完善平台民宿审核机制，保障个人信息安全，实现规范化管理，提高民宿的整体发展能力。地方政府还可以联合行业相关专家和优秀民宿经营者，建立区域性的民宿网站，遴选优质民宿品牌，发挥其榜样作用，开展民宿扶持计划，实现产品信息的流动互通，在整体上优化民宿经营者的专业服务技能，提升区域内民宿的整体竞争力。

（三）构建民宿行业协会，加强行业监管

鼓励民宿经营者共同组建行业协会，搭建互动交流、分享经验的平台，促使经营者整合资源，补齐民宿经营短板，发挥各自优势，形成发展的有效合力。民宿行业协会可以加大监管力度，实现内部监管，发挥优质民宿的专业优势，帮助打造专业化的区域民宿团队，规范民宿经营违法行为处罚机制，对违法违规行为采取相应的惩罚措施，争取从源头上解决问题，提高民宿的供给质量。

参考文献

一、中文文献

白凯，郭生伟. 旅游景区共生形象对游客重游意愿及口碑效应影响的实证研究——以西安曲江唐文化主题景区为例 [J]. 旅游学刊，2010，25（1）.

包希哲，蔡增亮，胡永芳. "一带一路"视域下民族传统体育与旅游品牌的共商共建共享机制研究 [J]. 贵州民族研究，2019，40（5）.

陈才，赵志峰. 乡村游客真实性体验模型研究 [J]. 地理科学，2021，41（7）.

陈明红. 学术虚拟社区用户持续知识共享的意愿研究 [J]. 情报资料工作，2015（1）.

陈文捷，王坤. 北部湾海洋旅游资源整合模式研究 [J]. 改革与战略，2015，31（3）.

陈曦，陈钢华，黄远水. 品牌共享型旅游地的分类及其开发研究——兼论福建省南靖县土楼旅游区的开发 [J]. 旅游论坛，2009，2（1）.

陈晔，张辉，董蒙露. 同行者关乎己？游客间互动对主观幸福感的影响［J］. 旅游学刊，2017，32（8）.

陈志军，徐飞雄. 乡村民宿旅游地游客忠诚度影响因素及作用机制——基于 ABC 态度模型视角的实证分析［J］. 经济地理，2021，41（5）.

成茜，李君轶. 疫情居家约束下虚拟旅游体验对压力和情绪的影响［J］. 旅游学刊，2020，35（7）.

褚玉杰，赵振斌，任珮瑶，等. 寻找精神家园：边地旅游的概念模型与实证［J］. 旅游学刊，2020，35（1）.

戴学锋，陈瑶. 全域旅游示范区的改革创建与实践探索［J］. 旅游学刊，2020，35（2）.

戴学锋. 全域旅游：实现旅游引领全面深化改革的重要手段［J］. 旅游学刊，2016，31（9）.

刁丽琳，朱桂龙. 产学研联盟契约和信任对知识转移的影响研究［J］. 科学研究，2015（5）.

方迎丰. 仪式感营销［J］. 销售与市场（管理版），2011（6）.

丰晓旭，夏杰长. 中国全域旅游发展水平评价及其空间特征［J］. 经济地理，2018，38（4）.

郭淑芬，郭金花，李晓琪. 合作创新质量、知识吸收能力与企业创新绩效—基于太原高新区科技型中小企业的实证研究［J］. 南京工业大学学报（社会科学版），2017（9）.

郭晓鸣. 乡村振兴战略的若干维度观察［J］. 改革，2018，289（3）.

何成军，李晓琴，曾诚. 乡村振兴战略下美丽乡村建设与

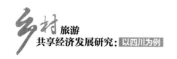

乡村旅游耦合发展机制研究［J］. 四川师范大学学报（社会科学版），2019，46（2）.

何俊琳，刘彤，陈毅文. 知识共享的影响因素研究——基于 TOE 框架［J］. 科技管理研究，2018（9）.

胡红梅. "一带一路"建设下丝绸之路旅游品牌共享机制构建［J］. 改革与战略，2018，34（2）.

黄杜佳. 乡村民宿环境友好特征对消费者购买意愿的影响［D］. 广州：华南理工大学，2016.

金云峰，万亿，周晓霞. 从"景区旅游"向"全域旅游"发展的规划探索——以西双版纳 10 年规划实践路径为例［J］. 城市规划学刊，2019（S1）.

李柏洲，高硕. 互惠性、知识共享与企业合作型原始创新——战略柔性的调节作用［J］. 研究与发展管理，2017，29（3）.

李桥兴. 全域旅游和乡村振兴战略视域下广西阳朔县民宿业的创新发展路径［J］. 社会科学家，2019（9）.

李庆雷，娄阳. 旅游共享经济的十个特征［J］. 党政视野，2016（7）.

李斯颖. 全域旅游视阈下壮族乡村文化资源保护与开发——以国家级非物质文化遗产"布洛陀"为例［J］. 社会科学家，2019（9）.

李武，黄扬，杨飞. 大学生对移动新闻客户端的采纳意愿及其影响因素研究——基于技术接受模型和创新扩散理论视角［J］. 图书与情报，2018（4）.

李宪印，左文超，杨博旭，等. 虚拟社区条件下研究生知识共享行为研究［J］．现代情报，2015，35（3）．

厉新建，马蕾，陈丽嘉．全域旅游发展：逻辑与重点［J］．旅游学刊，2016，31（9）．

厉新建，张凌云，崔莉．全域旅游：建设世界一流旅游目的地的理念创新——以北京为例［J］．人文地理，2013，28（3）．

林玮．城市群全域旅游的"泛文本实践"——以杭州都市圈为例［J］．社会科学家，2021（1）．

林晓娜，王浩，李华忠．乡村振兴战略视角下乡村休闲旅游研究：村民参与、影响感知及社区归属感［J］．东南学术，2019，270（2）．

刘合光．乡村振兴战略的关键点、发展路径与风险规避［J］．新疆师范大学学报（哲学社会科学版），2018，39（3）．

刘家明．创建全域旅游的背景、误区与抓手［J］．旅游学刊，2016，31（12）．

刘棣子．乡村振兴战略的全域旅游：一个分析框架［J］．改革，2017（12）．

刘瑞贤，邢彩霞．虚拟社区下信任对创客知识共享的影响分析——以社会认知理论为研究视角［J］．商业经济研究，2017（6）．

刘彦随．中国新时代城乡融合与乡村振兴［J］．地理学报，2018，73（4）．

吕俊芳．辽宁沿海经济带"全域旅游"发展研究［J］．经济研究参考，2013（29）．

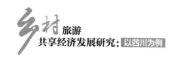

罗文标. 新制度经济学视角下旅游品牌共享型乡村旅游经济协调发展研究 [J]. 农业经济，2017 (3).

罗云丽. 旅游共享经济的基本特征、运行机制与发展对策 [J]. 商业经济研究，2016 (14).

孟秋莉，邓爱民. 全域旅游视阈下乡村旅游产品体系构建 [J]. 社会科学家，2016 (10).

庞笑笑，王荣成，王文刚. 旅游品牌共享型区域的界定及其外部性问题探讨 [J]. 当代经济管理，2014，36 (11).

石斌. 全域旅游视角下乡村旅游转型升级的动因及路径——以陕西省为例 [J]. 企业经济，2018，37 (7).

石艳霞. SNS 虚巧社区知识共享及其影响因素研究 [D]. 太原：山西大学，2010.

苏成美. 基于创新扩散理论的知识付费平台采纳影响因素研究 [D]. 上海：上海交通大学，2018.

苏飞，王中华. 乡村振兴视域下的中国乡村旅游——发展模式、动力机制与国际经验借鉴 [J]. 世界农业，2020 (2).

唐任伍. 新时代乡村振兴战略的实施路径及策略 [J]. 人民论坛·学术前沿，2018，139 (3).

田野，卢东，Samart POWPAKA. 游客的敬畏与忠诚：基于情绪评价理论的解释 [J]. 旅游学刊，2015，30 (10).

妥艳娟，白长虹，王琳. 旅游者幸福感：概念化及其量表开发 [J]. 南开管理评论，2020，23 (6).

王贵麟. 乡村文化旅游品牌建设研究——泰州溱湖风景区乡村文化旅游品牌建设的做法与启示 [J]. 品牌，2015 (1).

王建芹. 高质量发展视阈下乡村旅游主客互动对游客公民行为的影响 [J]. 地域研究与开发，2021，40 (4).

王松茂，何昭丽，郭英之. "丝绸之路经济带"西北五省乡村旅游模范村空间分异及影响因素 [J]. 经济地理，2019，39 (4).

王婉飞，叶宗造. 休闲农业经营模式创新探索——以华凯休闲农业为例 [J]. 商场现代化，2010 (2).

王维靖，林宗贤，黄力远. 温泉游客重游意愿理论模型的评估研究——保护动机理论的视角 [J]. 旅游学刊，2021，36 (6).

王子喜，杜荣. 人际信任和自我效能对虚拟社区知识共享和参与水平的影响研究 [J]. 情报理论与实践，2011，34 (10).

吴悦，顾新，王涛. 信任演化视角下知识网络中组织间知识转移机理研究 [J]. 科技进步与对策，2014 (10).

吴志才. 全域旅游创新发展的探索与反思——以广东为例 [J]. 旅游学刊，2020，35 (2).

谢荷峰，刘超. "拥挤"视角下的知识分享奖励制度的激励效应 [J]. 科学学研究，2011 (10).

谢彦君，樊友猛. 身体视角下的旅游体验——基于徒步游记与访谈的扎根理论分析 [J]. 人文地理，2017，32 (4).

邢佳. 社交媒体时代乡村旅游品牌形象构建研究 [J]. 农

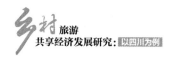

业经济，2018（4）.

熊鹰，张茜，侯珂伦，等. 全域旅游视角下环洞庭湖城市旅游竞争力及区域合作［J］. 经济地理，2020，40（7）.

徐岸峰，王宏起，赵天一. 共享平台视角下全域旅游演进机理和服务模式研究［J］. 中国地质大学学报（社会科学版），2020，20（4）.

徐美凤，叶继元. 学术虚拟社区知识共享行为影响因素研究［J］. 情报理论与实践，2011，34（11）.

徐宁宁，董雪旺，张书元，等. 游客积极情绪对游客满意和游客忠诚的影响研究——以江苏省无锡市灵山小镇拈花湾为例［J］. 地域研究与开发，2019，38（4）.

徐仕强，杨建，刘雨婧. 西部民族地区县域旅游资源特征及空间分布格局——以江口县为例［J］. 经济地理，2019，39（8）.

严星雨，杨效忠. 旅游仪式感特征及其对旅游目的地管理的影响研究［J］. 旅游学刊，2020，35（9）.

演克武，陈瑾，陈晓雪. 乡村振兴战略下田园综合体与旅居养老产业的对接融合［J］. 企业经济，2018，37（8）.

晏青，付森会，冯广超. 手机使用对春节文化观念的影响研究——基于仪式感和参与感的中介作用［J］. 新闻与传播评论，2021，74（1）.

杨美霞. 乡村旅游发展驱动力研究——以全域旅游为视角［J］. 社会科学家，2018（5）.

杨瑜婷，何建佳，刘举胜. "乡村振兴战略"背景下乡村旅游资源开发路径演化研究——基于演化博弈的视角 [J]. 企业经济, 2018, 449 (1).

杨振之. 中国旅游发展笔谈——智慧旅游目的地的困境与突破 [J]. 旅游学刊, 2019, 34 (8).

银元, 李晓琴. 乡村振兴战略背景下乡村旅游的发展逻辑与路径选择 [J]. 国家行政学院学报, 2018, 116 (5).

曾小桥, 卢东, 贺碧玉. 我国旅游共享经济研究评述——基于 CiteSpace 的文献可视化分析 [J]. 资源开发与市场, 2018, 34 (8).

张海鹏, 郜亮亮, 闫坤. 乡村振兴战略思想的理论渊源、主要创新和实现路径 [J]. 中国农村经济, 2018, 407 (11).

张红兵, 张乐. 学术虚拟社区知识贡献意愿影响因素的实证研究——KCM 和 TAM 视角 [J]. 软科学, 2017, 31 (8).

张宏敏, 李文路. 四川省乡村旅游升级换代对规划建设的新要求 [J]. 小城镇建设, 2017 (3).

张辉, 岳燕祥. 全域旅游的理性思考 [J]. 旅游学刊, 2016, 31 (9).

张军. 乡村价值定位与乡村振兴 [J]. 社会科学文摘, 2018, 31 (7).

张敏, 唐国庆, 张艳. 基于 S—O—R 范式的虚拟社区用户知识共享行为影响因素分析 [J]. 情报科学, 2017 (11).

张敏, 郑伟伟. 基于信任的虚拟社区知识共享研究综述 [J].

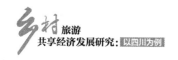

情报理论与实践，2015，38（3）.

张明之，陈鑫. "全域文化＋全域旅游"：基于产业融合的旅游产业发展模式创新［J］. 经济问题，2021（1）.

张晓，刘明，白长虹. 自然主义视角下旅游者幸福感的构成要素研究［J］. 旅游学刊，2020，35（5）.

张雪丽，胡敏. 乡村旅游转型升级背景下的民宿产业定位、现状及其发展途径分析——以杭州市民宿业为例［J］. 价值工程，2016，35（23）.

赵琴琴，许林玉，刘烊铭. 生态系统视角下的乡村旅游发展研究［J］. 农村经济，2017（6）.

赵书虹，白梦. 云南省品牌旅游资源竞争力与旅游流耦合协调特征及其影响因素分析［J］. 地理科学，2020，40（11）.

周立，李彦岩，王彩虹，等. 乡村振兴战略中的产业融合和六次产业发展［J］. 新疆师范大学学报（哲学社会科学版），2018，39（3）.

二、英文文献

AGAG G，EL－MASRY A A. Understanding consumer intention to participate in online travel community and effects on consumer intention to purchase travel online and wom: an integration of innovation diffusion theory and tam with trust［J］. Computers in human behavior, 2016（60）.

BANDURA A. Social foundations of thought and action: a

social cognitive theory [J]. Journal of Applied Psychology, 1986, 12 (1).

BIGNÉ J E, SÁNCHEZ M I, SÁNCHEZ J. Tourism image, evaluation variables and after purchase behavior: interrelationship [J]. Tourism management, 2001, 22 (6).

BILGIHAN A, BARREDA A, OKUMUS F, et al. Consumer perception of knowledge — sharing in travel — related onlinesocial networks [J]. Tourism Management, 2016 (52).

BOCK G, ZMUD R, KIM Y, et al. Behavioral intention formation in knowledge sharing: examining the roles of extrinsic motivators, social—psychological forces, and organizational climate [J]. MIS Quarterly, 2005 (1).

CHIU C M, HSU M H, WANG T. Understanding knowledge sharing in virtual communities: an integration of social capital and social cognitive theories [J]. Decision support systems, 2006, 42 (3).

CONNELLY C. E, ZWEIG D, WEBSTER J, et al. Knowledge hiding in organizations [J]. Journal of organizational behavior, 2012, 33 (1).

DAVENPORT T H, PRUSAK L. Working knowledge: how organizations manage what they know [M]. Boston: Harvard Business School Press, 1998.

DAWSON C P, BROWN T L. B&Bs: A matter of

choice [J]. Cornell hotel & restaurant administration quarterly, 1988, 29 (1).

EDWARD Shih—Tse, Pei—Yi. Entrepreneurial orientation and service innovation on consumer response: a B&B case [J]. Journal of small business management, 2016, 54 (2).

GUNASEKARAN N, ANANDKUMAR V. Factors of influence in choosing alternative accommodation: a study with reference to pondicherry, a coastal heritagetown [J]. Procedia—social and behavioral sciences, 2012 (6).

HOLSTE J. S, FIELDS D. Trust and tacit knowledge sharing and use [J]. Journal of knowledge management, 2010, 14 (1).

HSIAO T Y, CHUANG C M. Independent travelling decision—making on B&B selection: exploratory analysis of Chinese travelers to taiwan [J]. Anatolia: an international journal of tourism and hospitality research, 2015, 26 (3).

HULTMAN J, CEDERHOLM E A. Bed, breakfast and friendship: intimacy and distance in small — scale hospitality businesses [J]. Culture unbound: journal of current cultural research, 2010 (2).

Jin Feng W, Ming — Yan C, Li — Jie F, et al. The construction of enterprise tacit knowledge sharing stimulation system oriented to employee individual [J]. Procedia engineering, 2017 (174).

STRINGER P F. Hosts and guests the bed-and-breakfast phenomenon [J]. Annals of tourism research, 1981, 8 (3).

VOHS K D, WANG Y, GINO F, et al. Rituals enhance consumption [J]. Psychological Science, 2013, 24 (9).

WASKO M L, FARAJ S . Why should i share? Examining social capital and knowledge contribution in electronic networks of practice [J]. Mis quarterly, 2005, 29 (1).

WOOD R, BANDURA A. Social cognitive theory of organizational management [J]. Academy of management review, 1989, 14 (3).

YUAN D, LIN Z, ZHUO R. What drives consumer knowledge sharing in online travel communities?: Personal attributes or e-service factors? [J]. Computers in human behavior, 2016 (63).

YUE W C, MENKHOFF T, LOH B, et al. Social capital and knowledge sharing in knowledge—based organizations: an empirical study [J]. International journal of knowledge management, 2007 (1).

ZAICHKOWSKY J L. Measuring the involvement construct [J]. Journal of consumer research, 1985, 12 (3).

ZHANG L, YAN Q, ZHANG L H. A computational framework for understanding antecedents of guests' perceived trust towards hosts on Airbnb [J]. Decision support systems, 2018 (115).

后　记

本书的出版受四川省社科规划项目一般项目"乡村振兴战略和全域旅游视域下四川乡村旅游共享经济发展研究"（SC20B133）和西南石油大学科研启航计划项目生态系统视角的乡村旅游发展研究（2017QHR001）的共同资助。感谢项目团队成员温馨、施思、曹成芬、杨琴、蒋昊原的辛勤付出！